IFRS 国際サステナビリティ開示基準の実務

影響と対応

EY新日本有限責任監査法人 編

中央経済社

はじめに

2023年７月，IFRSサステナビリティ開示基準は，世界各国・地域の証券監督当局や証券取引所等から構成される国際機関である証券監督者国際機構（IOSCO）によって承認（エンドースメント）されました。これにより，世界の証券市場の95％以上を規制する，日本を含む130を超える国や地域の資本市場当局が，今後この基準をどのように自国の規制のフレームワークに組み込むことができるかを検討することになります。まさに，企業報告ビッグバンの始まりです。

サステナビリティ情報開示は，これまで各国の法令等で開示が求められる個別の環境情報や社会情報の開示を除き，任意開示として発展してきました。統合報告書などがその典型例です。IFRSサステナビリティ開示基準は，有価証券報告書など企業の年次法定開示において，投資家のニーズを満たすサステナビリティ関連のリスクと機会の情報を連結ベースで開示することを想定して開発されています。

IFRSサステナビリティ開示基準において要求される開示の中心となるのは，財務報告における「お金」のような定量情報だけではなく，サステナビリティに係る「ガバナンス」，「戦略」，「リスク管理」，「指標と目標」という定性的な経営情報も含まれます。このことは，少なくとも上場会社においては，企業経営についての基本的ルールが本質的に大きく変わる（企業経営に関する情報が詳細に開示される）と捉えることができる，といっても過言ではないでしょう。

本書は，この新たな企業開示・企業経営の基本ルールについて幅広い方に知っていただきたいと思い企画したものです。そのため，内容も基準や背景の解説だけでなく，参考となりうる，他の開示フレームワーク（TCFD等）の導入プロセスの実務や関連する内部統制の構築ポイントまで幅広く触れています。IFRSサステナビリティ開示基準の適用を検討されている企業担当者の方はもちろん，今後日本のサステナビリティ情報の法定開示のベースにもなるこの新たなサステナビリティ情報に係る開示ルールの基本コンセプトを先取りして学びたい方，企業経営の執行や監督に携わられる方にも手に取っていただけると幸甚です。

IFRSサステナビリティ開示基準は，短期，中期または長期にわたる企業のキャッシュ・フロー，資金調達，資本コストに影響を及ぼすと合理的に予想される投資意思決定に有用な情報と位置付けられる，サステナビリティ情報開示に対する投資家のニーズに応える目的でつくられたものです。このことは，すなわち企業が日々製品やサービスの質の向上に真摯に取り組み，顧客満足を実現されているのと同様に，情報開示についてもIFRSサステナビリティ開示基準に沿った信頼性ある情報の開示に真摯に取り組み，このフレームワークに沿って経営の高度化に取り組めば，これまで以上に投資家をはじめとするステークホルダーからの企業の価値に対する公正な外部評価を実現できる可能性が高まる，ということを意味します。

前述のIOSCOはIFRSサステナビリティ開示基準を，資本市場取引におけるサステナビリティ関連財務情報の利用を進展させ，サステナビリティのリスクと機会を正確に評価するためのグローバルフレームワークと認められる，と説明しています。開示に対する意識の変革を通じて，しっかりと取り組み説明責任を果たした企業が外部から評価され，良い取組みをしている企業にお金や人が集まる，ひいては世界の気候変動対策の促進も含め，サステナブルな社会の実現に向け，IFRSサステナビリティ開示基準が，国際社会のチャレンジ実現のための大きなマイルストーンとなった，とその策定・運用に携わったすべての人々の努力が後世において評価されることを願っています。

本書が，読書の皆様のサステナビリティ情報開示の取組みや，外部から公正に評価される正しい経営努力の方向性の理解の促進に，少しでも寄与できれば幸いです。

2023年12月

馬野　隆一郎

目　次

第1章 IFRSサステナビリティ開示基準の特徴と開発の背景　1

第1節 IFRSサステナビリティ開示基準の特徴 ―― 1

1　ISSB基準の構造……2
2　投資家の意思決定に役立つ重要なサステナビリティ関連財務情報の開示……3
(1)　サステナビリティ情報の全体像……4
(2)　「シングル・マテリアリティ」と「ダブル・マテリアリティ」……6
(3)　ダイナミック・マテリアリティ……7
3　既存イニシアティブを活用した基準開発……8
(1)　TCFD……9
(2)　CDSB……10
(3)　IIRC……11
(4)　SASB……13
4　相互運用可能性を考慮したグローバル・ベースラインの形成……15
(1)　GRI……16
(2)　CSRDとESRS……17

第2節 ISSBによる基準開発の経緯 ―― 20

1　サステナビリティ情報開示の重要性の高まり……20
(1)　企業経営の目的の変化……20
(2)　ESG投資の高まり……21

(3) サステナビリティ情報開示の役割 …… 22
2 国際サステナビリティ基準審議会（ISSB）の設立 …… 22
(1) ISSB設立の経緯 …… 22
(2) ISSBの目的 …… 24
(3) ISSBの組織体制 …… 25
(4) ISSBの今後の活動 …… 25

第3節 世界の情報開示に与える影響 —— 27

1 証券監督者国際機構（IOSCO）によるレビュー …… 27
2 EUの状況 …… 27
3 米国の状況 …… 28
4 世界の気候関連基準の比較 …… 29
5 日本の状況 …… 32
6 CDP環境開示プラットフォームの気候変動開示への影響 …… 33

第4節 把握すべき10の事項 —— 34

第2章 IFRS S1基準「サステナビリティ関連財務情報の開示に関する全般的要求事項」 37

第1節 目的（OBJECTIVE） —— 37

第2節 範囲（SCOPE） —— 39

1 範　囲 …… 39
2 適用している会計基準との関係 …… 39
3 非営利企業への適用 …… 40

第3節 ▌サステナビリティ関連財務情報の開示に至るまでのプロセス ―― 41

1　サステナビリティ関連のリスクと機会の識別（Identifying sustainability-related risks and opportunities）…… 41
(1)　サステナビリティ関連のリスクと機会とは …… 41
(2)　サステナビリティ関連のリスクと機会の識別 …… 44
2　開示要求事項の識別（Identifying applicable disclosure requirements）…… 46

第4節 ▌概念的基礎（CONCEPTUAL FOUNDATIONS）― 50

1　適正な表示（Fair presentation）…… 50
(1)　定　義 …… 50
(2)　追加情報 …… 51
2　重要性（マテリアリティ）（Materiality）…… 51
(1)　定　義 …… 51
(2)　重要性がない情報 …… 52
3　報告企業（Reporting Entity）…… 52
4　つながりのある情報（Connected information）…… 53
(1)　つながりのある情報 …… 53
(2)　財務データおよび仮定 …… 58
(3)　表示通貨 …… 58

第5節 ▌コアとなる要素（CORE CONTENT）―― 59

1　ガバナンス …… 60
(1)　開示の目的 …… 60
(2)　ガバナンス組織または個人 …… 60
(3)　経営者の役割 …… 61
2　戦　略 …… 62

(1) 開示の目的 …… 62

(2) 企業の見通しに影響を及ぼすと合理的に予想し得るサステナビリティ関連のリスクと機会 …… 62

(3) ビジネスモデルとバリューチェーンに及ぼす現在および予想される影響 …… 63

(4) 戦略と意思決定に及ぼす影響 …… 63

(5) 現在と将来に及ぼす財務的影響 …… 63

(6) 戦略とビジネスモデルのレジリエンス …… 65

3 リスク管理 …… 66

(1) 開示の目的 …… 66

(2) 開示の内容 …… 67

4 指標と目標 …… 68

(1) 開示の目的 …… 68

(2) 開示の内容（指標） …… 68

(3) 開示の内容（目標） …… 69

(4) その他の要求事項 …… 70

第6節 ┃ 一般的要求事項と適用初年度の移行措置（TRANSITION） —— 71

1 開示箇所（Location of disclosures） …… 71

(1) 一般目的財務報告 …… 71

(2) その他の開示箇所 …… 71

(3) 重要性がある情報が不明瞭となる場合 …… 72

(4) 相互参照 …… 73

2 報告の時期（Timing of reporting） …… 74

(1) 報告の時期 …… 74

(2) 報告期間の長さ …… 74

(3) 後発事象 …… 74

(4) 期中報告 …… 75

3　比較情報（Comparative information）…… 76
(1)　比較情報 …… 76
(2)　比較年度の指標の見直し …… 76
4　準拠性の表明（Statement of compliance）…… 78
(1)　準 拠 性 …… 78
(2)　法律や規則との関係 …… 78
(3)　商業上の機密 …… 79
5　適用時期と適用初年度の経過的な救済措置（Transition relief）…… 79
(1)　適用時期 …… 79
(2)　適用初年度の経過的な救済措置 …… 79
6　プロポーショナリティ（Proportionality）の原則 …… 81
(1)　合理的で裏付け可能な情報 …… 81
(2)　利用可能なスキル，能力およびリソースに見合ったアプローチ …… 84

第7節　判断・不確実性・誤謬（JUDGEMENTS, UNCERTAINTIES AND ERRORS）—— 85

1　判断（Judgements）…… 85
2　測定の不確実性（Measurement uncertainty）…… 85
(1)　測定の不確実性 …… 86
(2)　将来起こり得る事象 …… 86
(3)　開　　示 …… 87
3　誤謬（Errors）…… 88
(1)　誤謬の定義 …… 88
(2)　誤謬の訂正 …… 89

第3章 IFRS S2基準「気候関連開示」 91

第1節 ガバナンス ―― 91

1 目　　的 …… 91
2 具体的な開示要求項目 …… 93
(1) 気候変動に関連して求められる取締役と経営者の役割と責任 …… 93
(2) 気候変動に関連して求められる取締役のスキル …… 99
(3) 気候関連リスクと機会の取締役会への報告フローと頻度 …… 102
(4) 気候関連リスクと機会やそのトレードオフの要素の考慮 …… 102
(5) 気候関連リスクと機会にかかわる企業の指標・目標における取締役の関与 …… 103
(6) 経営者が使用する統制や手続 …… 105

第2節 戦　　略 ―― 107

1 目　　的 …… 107
2 開示要求の解説「リスクと機会」 …… 107
(1) 企業の見通しに影響を及ぼすと合理的に予想される気候関連のリスクと機会 …… 107
(2) 気候関連リスクと機会の例 …… 109
(3) 機会に関する特別な考慮 …… 110
(4) 時間軸の考え方 …… 111
3 開示要求の解説「ビジネスモデルとバリューチェーン」 …… 112
(1) 気候関連のリスクと機会が，企業のビジネスモデルおよびバリューチェーンに及ぼす現在および予想される影響 …… 112
(2) ビジネスモデルとは …… 113
(3) バリューチェーンとは …… 115

4　開示要求の解説「移行計画，戦略，意思決定」……………………117
(1)　気候関連のリスクと機会が，気候関連の移行計画を含む，企業の戦略と意思決定に与える影響……………………117
5　開示要求の解説「財務的影響」……………………125
(1)　気候関連のリスクと機会に関する財務的影響の開示……………………125
(2)　財務的影響の開示例……………………126
(3)　財務的影響の開示における特別な考慮……………………127
6　開示要求の解説「レジリエンス」……………………132
(1)　企業の戦略とビジネスモデルの気候変動に対するレジリエンス……………………132
(2)　シナリオ分析ガイダンス……………………133
(3)　その他考慮すべきこと……………………134

第3節　リスク管理――――136

1　目　的……………………136
2　企業のリスク管理とは……………………137
3　リスク管理における気候関連リスクの特殊性……………………139
4　ERMにおける実施事項とISSB開示要求項目の関連性……………………142
(1)　リスクを識別する……………………143
(2)　リスクの重大度を評価する……………………144
(3)　リスクの優先順位付け……………………145
5　リスクのモニタリング……………………147

第4節　指標および目標――――150

1　目　的……………………150
2　救済措置およびプロポーショナリティ……………………150
3　基準比較……………………152
(1)　類似点……………………152
(2)　主要な差異……………………152

4　用語の定義 …… 157
5　産業横断的な指標カテゴリー …… 159
(1)　開示要求事項 …… 159
(2)　GHG排出量 …… 160
(3)　スコープ３測定フレームワーク …… 174
(4)　産業横断的な指標カテゴリー …… 177
6　産業別指標 …… 178
(1)　開示要求事項 …… 178
(2)　産業別ガイダンス …… 179
(3)　産業横断的な指標カテゴリーとの関係 …… 181
7　目　　標 …… 182
(1)　開示要求事項 …… 182
(2)　気候関連の目標 …… 183
(3)　GHG排出目標 …… 184

第４章　開示対応の実務　187

第１節　概　　要 —— 187

1　何から始め，何を目指すのか …… 187
(1)　何から始めるのか …… 187
(2)　ゴールの設定 …… 189
2　ISSB基準の開示要求事項の把握 …… 190
(1)　報告企業の単位について …… 192
(2)　重要性がある情報 …… 194
(3)　コアとなる要素 …… 195
3　日本企業における適用タイミングとロードマップの策定 …… 196
4　プロジェクトチームの組成 …… 197

(1) プロジェクトチームの発足 …… 197
(2) 社内教育――プロジェクトメンバー向け教育 …… 198
(3) 経営者の関与 …… 199
(4) 関係部署への啓蒙活動 …… 199
5 自社の対応状況のマクロレベルでのギャップ分析 …… 200

第2節 詳細検討 —— 204

1 マテリアリティ（重要性がある情報）の検討 …… 204
(1) マテリアリティ（重要性がある情報）とは …… 204
(2) 発生可能性と影響額の検討 …… 204
(3) 重要性の判断の再評価 …… 205
(4) 重要性の閾値の設定 …… 205
(5) トピックの選定 …… 205
(6) 一般目的財務報告の利用者の視点 …… 206
2 詳細ギャップ分析の実施 …… 207
3 ガバナンス体制の構築 …… 208
(1) ガバナンス責任者についての開示 …… 208
(2) 経営者の役割についての開示 …… 211
4 戦略の構築 …… 212
(1) 戦略に関するサステナビリティ関連財務情報開示 …… 212
(2) シナリオ分析 …… 215
(3) 他基準の参照 …… 218
5 リスク管理 …… 219
6 指標と目標の整理 …… 221
(1) 指標と目標 …… 221
(2) 企業によって開発された指標 …… 222
7 開示案の作成 …… 228
(1) 開示情報 …… 228
(2) 報告時期 …… 228

(3) 報告期間 ……… 229
8 対応案の策定および実施 ……… 229
(1) 対応案の策定 ……… 229
(2) 内部統制の整備 ……… 229
(3) 情報収集とシステム改修 ……… 230

第3節 その他検討すべき事項 ——— 232

1 情報収集時における想定される課題 ……… 232
(1) 企業グループ内の連携 ……… 232
(2) 連結ベースでのデータ収集体制 ……… 232
(3) データ単位の統一 ……… 233
(4) 対応方針 ……… 234
2 データ収集ツールの整備，業務プロセスの確立 ……… 235
(1) データ収集ツール（ITシステム等）の整備 ……… 235
(2) 業務プロセスの整備 ……… 236
(3) 内部統制整備，運用 ……… 236
3 人材不足 ……… 237
4 投資家との対話を通じたサステナビリティ情報の開示強化 ……… 238

凡例

略称	正式名称 【和訳】
CDP	Carbon Disclosure Project（旧称であり現在は「CDP」が正式名称） 【CDP（シー・ディー・ピー）】
CDSB	Climate Disclosure Standards Board 【気候変動開示基準委員会】
COSO	Committee of Sponsoring Organizations of Treadway Commission 【トレッドウェイ委員会支援組織委員会】
CSR	Corporate Social Responsibility 【企業の社会的責任】
CSRD	Corporate Sustainability Reporting Directive 【企業サステナビリティ報告に関する指令】
EFRAG	European Financial Reporting Advisory Group 【欧州財務報告諮問グループ】
ESG	Environment/Social/Governance 【環境・社会・ガバナンスの頭文字をとった言葉】
ESRS	European Sustainability Reporting Standards 【欧州サステナビリティ報告基準】
GRI	Global Reporting Initiative 【GRI（ジー・アール・アイ）】
IAASB	International Auditing and Assurance Standards Board 【国際監査・保証基準審議会】
IASB	International Accounting Standards Board 【国際会計基準審議会】
IFRS	International Financial Reporting Standards 【国際財務報告基準】
IIRC	International Integrated Reporting Council 【国際統合報告評議会】
IOSCO	International Organization of Securities Commissions 【証券監督者国際機構】

IPCC	Intergovernmental Panel on Climate Change 【気候変動に関する政府間パネル】
ISSB	International Sustainability Standards Board 【国際サステナビリティ基準審議会】
ISSB基準	IFRS Sustainability Disclosure Standards 【IFRSサステナビリティ開示基準】
「S1基準」または 「IFRS S1」または「S1」	IFRS S1 General Requirements for Disclosure of Sustainability-related Financial Information 【IFRS S1号「サステナビリティ関連財務情報の開示に関する全般的要求事項」】
「S2基準」または 「IFRS S2」または「S2」	IFRS S2 Climate-related Disclosures 【IFRS S2号「気候関連開示」】
NFRD	Non-Financial Reporting Directive 【非財務情報開示指令】
PCAF	Partnership for Carbon Accounting Financials 【金融機関向け炭素会計パートナーシップ】
SASB	Sustainability Accounting Standards Board 【サステナビリティ会計基準審議会】
SDGs	Sustainable Development Goals 【持続可能な開発目標】
SEC	U.S. Securities and Exchange Commission 【米国証券取引委員会】
SSBJ	Sustainability Standards Board of Japan 【サステナビリティ基準委員会】
TCFD	Task Force on Climate-related Financial Disclosures 【気候関連財務情報開示タスクフォース】
TRWG	Technical Readiness Working Group 【技術的準備ワーキング・グループ】
VRF	Value Reporting Foundation 【バリュー・レポーティング財団】
WBCSD	World Business Council for Sustainable Development 【持続可能な開発のための世界経済人会議】
WEF	World Economic Forum 【世界経済フォーラム】

第1章 IFRSサステナビリティ開示基準の特徴と開発の背景

第1節 IFRSサステナビリティ開示基準の特徴

2023年6月，国際サステナビリティ基準審議会（以下「ISSB」という）は，最初の2つのIFRSサステナビリティ開示基準（以下「ISSB基準」という）であるIFRS S1「サステナビリティ関連財務情報の開示に関する全般的要求事項」（以下「S1基準」という）およびIFRS S2「気候関連開示」（以下「S2基準」という）を公表しました。

世界の資本市場が待ち望んでいた包括的なグローバル・ベースラインとなるサステナビリティ情報開示基準の公表により，企業開示の新時代が切り開かれました。ISSB基準が適用されることで世界のサステナビリティ情報開示は大きく進展し，日本国内の開示制度や実務にも影響を与えることが想定されます。

本節では，まずはISSB基準の構造を確認し，S1基準とS2基準の概要を説明します。次に，開示対象となる「サステナビリティ情報」とはどのようなものか，その前提となる考え方について解説します。さらに，既存イニシアティブを活用した基準開発や相互運用可能性を考慮したグローバル・ベースラインの形成について解説します。ISSB基準の詳細は第2章（S1基準）および第3章（S2基準）で解説しますが，本節ではISSB基準の全般的な特徴について見ていきます。

1　ISSB基準の構造

S1基準はISSB基準の一般原則を定める基準であり，S2基準はISSB基準のテーマ別基準の気候変動に関する情報開示を定める基準です。

テーマ別基準の中で最初にできたものが気候変動をテーマとしたS2基準であり，今後ISSBが取組みを検討しているサステナビリティ関連の項目として，「生物多様性，生態系及び生態系サービス」，「人的資本」，「人権」，「レポーティングにおける統合（後述するIIRCフレームワーク等の活用）」などが挙げられます。

図表１－１は，S1基準とS2基準の関係を図示したものです。特徴的な点として，テーマ別基準のほかに産業別基準の観点が含まれることが挙げられます。産業別基準については，従来から存在するサステナビリティ会計基準審議会の産業別基準（以下「SASB基準」という）がISSB基準に組み込まれています（詳細は13ページ参照）。

また，S1基準とS2基準ともに，サステナビリティ関連リスクおよび機会の開示におけるコアとなる要素として「ガバナンス」，「戦略」，「リスク管理」および「指標と目標」の開示を求めています。これは後ほど解説するTCFD提言により推奨される開示の４つの柱と整合しています。既存のイニシアティブの考え方がベースとなっていることも，ISSB基準の特徴の１つとなります。

図表１－１　ISSB基準の構造

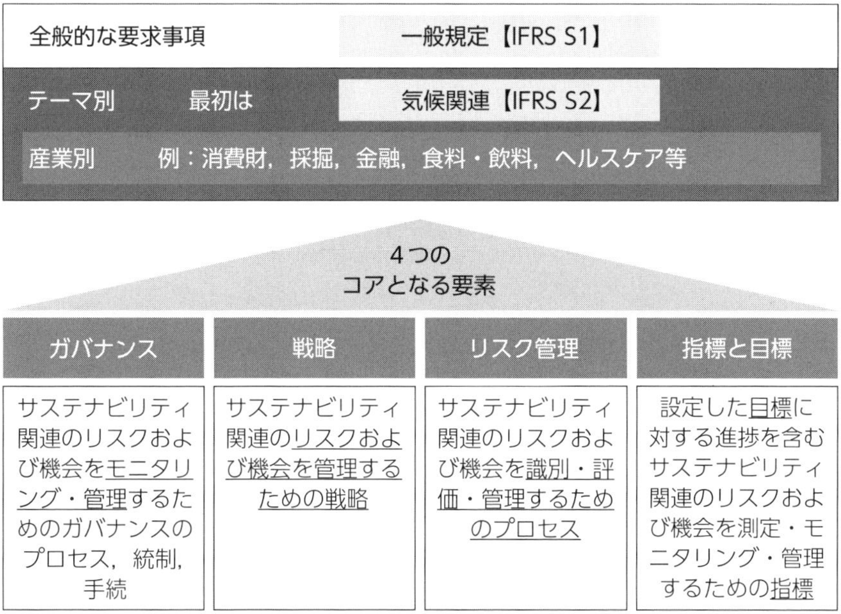

全般的な要求事項		一般規定【IFRS S1】
テーマ別	最初は	気候関連【IFRS S2】
産業別	例：消費財，採掘，金融，食料・飲料，ヘルスケア等	

4つの
コアとなる要素

ガバナンス	戦略	リスク管理	指標と目標
サステナビリティ関連のリスクおよび機会をモニタリング・管理するためのガバナンスのプロセス，統制，手続	サステナビリティ関連のリスクおよび機会を管理するための戦略	サステナビリティ関連のリスクおよび機会を識別・評価・管理するためのプロセス	設定した目標に対する進捗を含むサステナビリティ関連のリスクおよび機会を測定・モニタリング・管理するための指標

（出所）　S1基準およびS2基準に基づきEYが作成

2　投資家の意思決定に役立つ重要なサステナビリティ関連財務情報の開示

ISSB基準では，投資家の意思決定に役立つ重要なサステナビリティ関連財務情報の開示が，企業に求められます。ISSB基準において，「投資家」は「既存および潜在的な投資家，融資者，その他の債権者」を指し，「投資家の意思決定に役立つ重要なサステナビリティ関連財務情報」とは，「企業の見通しに影響を与える，すなわち，短期，中期および長期にわたる企業のキャッシュ・フロー，資金調達へのアクセスおよび資本コストに影響を与えると合理的に予想し得るサステナビリティ関連のすべてのリスクと機会に関する重要性のある情報」を指します。

以下，サステナビリティ関連財務情報がどのような性質のものであるか，サステナビリティ情報の全体像や分類方法も含めて見ていきます。

(1) サステナビリティ情報の全体像

サステナビリティ（持続可能性）という言葉が示す範囲は幅広く，企業情報開示の文脈では，社会や環境にとってのサステナビリティと，企業にとってのサステナビリティの大きく２つに大別されます。

サステナビリティに関連する事項の中で，報告の利用者にとって重要となる事項がサステナビリティ情報として報告されます。例えば，環境や社会にとって重要なサステナビリティ情報が，地域のコミュニティや消費者などを利用者と想定して企業により報告されるケースもあります。ただ，こういったサステナビリティ情報はただちにISSB基準の対象とはなりません。あくまで投資家に対して，投資家の意思決定に役立つ重要なサステナビリティ関連財務情報の開示を企業に求めることが，ISSB基準の目的となります。

図表１－２ サステナビリティ情報の全体像

報告対象外のサステナビリティ事項	他の基準（GRI等）	ISSB基準	会計基準
	環境，社会にとって重要なサステナビリティ情報	サステナビリティ関連財務情報	財務情報

（出所） EFRAG Webページ ［Draft］ European Sustainability Reporting Guidelines 1 Double materiality conceptual guidelines for standard-settingをもとにEY作成

図表１－２はサステナビリティ情報の全体像を概念的にまとめたものですが，４つのブロックは明確に分かれるわけではなく，実際には境界が曖昧であり，かつ，時の経過による利用者の情報ニーズの変化や開示基準の発展などにより移り変わることが想定されます（後述の「(3) ダイナミック・マテリアリティ」参照）。また，図表１－２の中で「貨幣的価値」を矢印でイメージしています

が，サステナビリティ事項の貨幣価値の顕在化の度合いが強くなり，企業の見通しに影響を与えるようになれば「サステナビリティ関連財務情報」となり，最終的には「財務情報」に反映されます。

例えば，企業が工場で製品を製造する際に環境汚染を引き起こしているケースにおいて，工場の規模が小さく汚染の影響が軽微であれば「報告対象外のサステナビリティ事項」であるかもしれませんが，規模拡大により地域コミュニティに大きな影響を与える汚染となれば「サステナビリティ情報」として開示すべき状況になり得ます。

また，当該汚染により監督官庁から指導を受ける，あるいは消費者の購買行動に影響を与え売上が減少する可能性があるといった場合，企業のキャッシュ・フローに重要な影響を与える可能性があり，「サステナビリティ関連財務情報」として開示されることが考えられます。さらに，当該汚染の影響により企業の損失負担の蓋然性が高まった際には，「財務情報」に反映されることが想定されます。

このように，時の経過とともに報告すべき情報の内容が移り変わることがありますが，特に「サステナビリティ関連財務情報」と「財務情報」は利用者としていずれも主に投資家を想定しています。

先ほどの例でも見たように，「サステナビリティ関連財務情報」は「財務情報」の先行情報としての性質があり，投資家の意思決定にとって非常に有用な情報となります。

ここで，「サステナビリティ関連財務情報」と「財務情報」の内容に不整合が生じると，投資家の意思決定をミスリードする可能性があるため，両者の結合性（つながり）が重要なポイントとなります。

第２節で解説しますが，ISSBはIFRS財団の傘下の組織であり，従来から国際財務報告基準（以下「IFRS会計基準」という）を開発してきた国際会計基準審議会（以下「IASB」という）の姉妹組織です。したがって，ISSBとIASBが連携し，「サステナビリティ関連財務情報」と「財務情報」の結合性（つながり）を加味した効果的かつ効率的な基準が開発され，運用されることが期待されています。

(2) 「シングル・マテリアリティ」と「ダブル・マテリアリティ」

サステナビリティ情報の性質を考えるうえで，「シングル・マテリアリティ」と「ダブル・マテリアリティ」という言葉が一般的に使われますので，ここでご紹介します。もともとは2017年の欧州委員会の非財務情報報告指令（NFRD）で導入されたコンセプトとなります。

図表1－3　シングル・マテリアリティとダブル・マテリアリティ

ダブル・マテリアリティ	
シングル・マテリアリティ	
財務上のマテリアリティ	環境および社会におけるマテリアリティ
企業の価値創造に重要な影響を与える事項を情報として提供し，経済的な判断を目的とする利用者，つまり投資家やレンダー等を想定している。	企業が気候変動等に及ぼす影響も重要な情報として提供し，幅広い利用者，例えば消費者や市民社会組織の利用目的に対応する。
企業 ← 気候等	企業 → 気候等

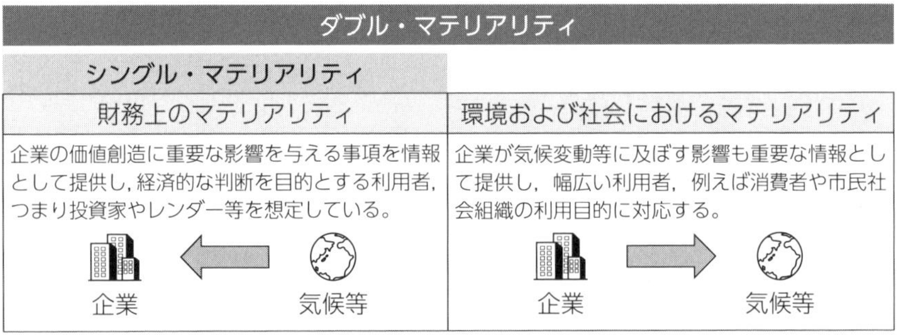

（出所）　サステナビリティ会計基準審議会作成「SASB実施入門書」をもとにEY編集

シングル・マテリアリティは，図表１－３の左側の財務上のマテリアリティに相当します。シングル・マテリアリティは企業財務や企業価値に影響を与える重要性という観点からの開示であり，例えば「気候変動が企業に与える影響」を考慮する概念となります。そのため，主な報告対象は投資家をはじめとした財務情報利用者となります。ISSB基準はシングル・マテリアリティの考え方に基づいています。

ダブル・マテリアリティは，シングル・マテリアリティに加えて図表１－３の右側の環境および社会におけるマテリアリティも含めた概念となります。環境および社会におけるマテリアリティを考慮した場合，例えば「企業が気候変動に与える影響」について開示を行うこととなります。報告対象は財務情報利用者に加え，消費者，市民社会，従業員等の幅広いステークホルダーになります。後ほど紹介するGRI基準はダブル・マテリアリティを採用しています。

(3) ダイナミック・マテリアリティ

サステナビリティ情報開示を考えるうえで，「ダイナミック・マテリアリティ」という概念も重要になります。ISSB設立が公表される約１年前に，後述する民間基準設定５団体（GRI，CDSB，IIRC，SASB，CDP）がビジョンを共有して協力することを表明し，サステナビリティ情報開示の概念が整理されました。

図表１－４ ダイナミック・マテリアリティ

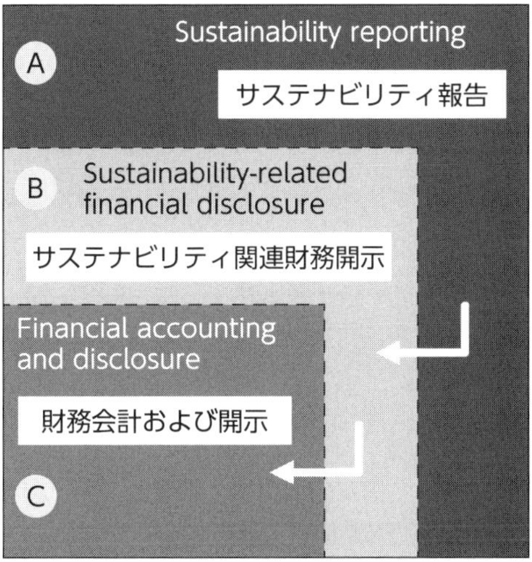

（出所） CDP, CDSB, GRI, IIRC and SASB "Towards Comprehensive Corporate Reporting", "Statement of Intent to Work Together Towards Comprehensive Corporate Reporting" をもとにEY作成

図表１－４は，サステナビリティ報告をＡ，Ｂ，Ｃの３つに区分しています。ＡはＢ，Ｃを包含し，ＢはＣを包含する関係にあります。Ａは経済・環境・人に対する重要な影響を反映したすべてのサステナビリティ事項に関する報告であり，さまざまな利用者，マルチステークホルダーに向けた報告を表していま

す。社会環境等が企業に及ぼす影響（いわゆるアウトサイド・イン）だけでなく，企業が社会環境等に及ぼすポジティブあるいはネガティブな影響（インサイド・アウト）を理解するための情報の提供を含みます。

Bはサステナビリティ関連財務開示であり，財務情報だけでなく企業価値を創出または毀損するサステナビリティ事項に関する報告が含まれます。

Cは財務情報として認識され，すでに財務諸表で金額表示されている報告となります。

BとCを合わせたものが企業価値報告であり，企業価値を理解することに関心がある利用者（投資家等）が必要とする報告です。

A，B，Cのそれぞれの境界は明確ではなく，時の経過とともに変遷するようなダイナミックな性質を帯びています。

例えば，二酸化炭素排出量は社会が地球温暖化を意識する場合に，人・環境・経済に与える影響は報告事項（C）として考慮され，投資家が企業のネットゼロ移行を企業価値に考慮しはじめると報告事項（B）に入り，例えば炭素税やカーボンクレジット取引等が始まり財務的な影響を純資産価値に含めるべき状況になれば，財務情報（A）に反映されるということになります。

上記の考え方は，先に見た図表１－２とも整合しています。ISSB基準は，投資家の意思決定に役立つ重要なサステナビリティ関連財務情報の開示を企業に求め，「シングル・マテリアリティ」の考え方を基礎としています。ただし，サステナビリティ情報全体の中で明確な境界があるわけではなく，時の経過とともに変遷するという「ダイナミック・マテリアリティ」の考え方が根底にあることに留意が必要です。

3　既存イニシアティブを活用した基準開発

ISSBによる基準開発の特徴として，既存イニシアティブの活用が挙げられます。サステナビリティ情報開示の重要性の高まりを受け，ISSBが設立される前から複数の組織が開示基準やフレームワークの開発を行ってきました。その中で，TCFD，CDSB，IIRCおよびSASBは，ISSB基準の開発に深く関わっています。第２節でも解説しますが，ISSB基準策定の準備を進めるためのワーキンググループ（Technical Readiness Working Group：TRWG）にそれぞれが参加していました。

さらに，前述のとおりTCFD提言で推奨される開示の４つの柱（「ガバナンス」，「戦略」，「リスク管理」および「指標と目標」）は，ISSB基準においても「コアとなる要素」として開示要求事項に組み込まれています。また，実際に，CDSBは2022年１月にIFRS財団に統合され，IIRCとSASBは合併してVRF（Value Reporting Foundation：価値報告財団）となった後，2022年８月にIFRS財団に統合されています。以下，ISSB基準の開発と関係の深いこれらのイニシアティブについて説明します。

(1)　TCFD

TCFD（Task Force on Climate-related Financial Disclosures：気候関連財務情報開示タスクフォース）は，気候関連の情報開示および金融機関の対応をどのように行うかを検討するために，金融安定理事会（FSB）によって設立された諮問機関です。TCFD提言は，投資家が企業の気候関連リスクおよび機会を適切に評価するための開示フレームワークになっており，気候変動による将来における財務的影響（フォワードルッキングな情報）を定量化し，開示することを推奨していることが特徴です。

2017年６月の最終報告書「気候関連財務情報開示タスクフォースによる提言」において，TCFDはガバナンス（Governance），戦略（Strategy），リスク管理（Risk Management）および指標と目標（Metrics and Targets）の４つの柱を組織運営における中核的要素として情報開示を推奨しました。気候関連情報開示を行うすべての組織を支援すべく，ガイダンスを策定しており，各項目において推奨される具体的開示内容は図表１－５のとおりです。

なお，日本を含め世界各国で多くの企業・機関がTCFDに賛同を示し，任意開示のみならず制度開示にも取り入れられています。

図表1-5 TCFDによる提言と推奨される情報開示

ガバナンス	戦略	リスク管理	指標と目標
気候関連のリスク及び機会に係る組織のガバナンスを開示する。	気候関連のリスク及び機会がもたらす組織のビジネス・戦略・財務計画への実際の及び潜在的な影響を，そのような情報が重要な場合は，開示する。	気候関連リスクについて，組織がどのように識別・評価・管理しているかについて開示する。	気候関連のリスク及び機会を評価・管理する際に使用する指標と目標を，そのような情報が重要な場合は，開示する。
推奨される開示内容	**推奨される開示内容**	**推奨される開示内容**	**推奨される開示内容**
a）気候関連のリスク及び機会についての，取締役会による監視体制を説明する。	a）組織が識別した，短期・中期・長期の気候関連のリスク及び機会を説明する。	a）組織が気候関連リスクを識別・評価するプロセスを説明する。	a）組織が，自らの戦略とリスク管理プロセスに即して，気候関連のリスク及び機会を評価する際に用いる指標を開示する。
b）気候関連のリスク及び機会を評価・管理する上での経営者の役割を説明する。	b）気候関連のリスク及び機会が組織のビジネス・戦略・財務計画に及ぼす影響を説明する。	b）組織が気候関連リスクを管理するプロセスを説明する。	b）Scope 1，Scope 2及び当てはまる場合はScope 3の温室効果ガス（GHG）排出量と，その関連リスクについて開示する。
	c）2℃以下シナリオを含む，さまざまな気候関連シナリオに基づく検討を踏まえて，組織の戦略のレジリエンスについて説明する。	c）組織が気候関連リスクを識別・評価・管理するプロセスが組織の総合的リスク管理にどのように統合されているかについて説明する。	c）組織が気候関連リスク及び機会を管理するために用いる目標，及び目標に対する実績について説明する。

（出所） TCFDコンソーシアムWebページ「TCFDの提言（最終報告書）」

⑵ CDSB

CDSB（Climate Disclosure Standards Board）は，気候変動・自然資本に関する情報開示の標準化と，それらの情報を財務情報と同様にメインストリームの財務報告書で開示することを促進するコンソーシアムです。

CDSBは，2010年に「気候変動報告フレームワーク（CCRF：Climate Change

Reporting Framework)」(以下「CDSBフレームワーク」という）を発表しています。CDSBフレームワークは，気候変動関連情報の開示だけでなく，水資源や森林リスクコモディティ，その他の自然資本への影響や依存度に関する，より広範な情報を制度開示書類の中で報告するための枠組みとして位置付けられています。

原則主義モデル（Principles-based model）に基づき，規則（Rules）と原則(Principles）との間の適切なバランスを図ることを重視しており，企業における気候変動に関わる側面のうち，企業の経済的パフォーマンスや将来見通しに大きな影響を与えると想定されるものについては，経営者が柔軟に判断を行うことを認めています。また，この原則主義モデルにより，より高い一貫性の下での情報開示を求める情報利用者からの要請に対し，経営者によるバランスのとれた対応を可能とするものであることが特徴です。

なお，S1基準では，企業が報告すべきサステナビリティ関連のリスクと機会を識別する際，適用される基準がない場合にCDSBフレームワークを考慮することができるとされています。また，リスクと機会の識別のステップの後，企業がその見通しに影響を与えると合理的に予想し得るサステナビリティ関連のリスクと機会に関する開示要求事項を識別するにあたり，適用される基準がない場合にCDSBフレームワークを考慮することができます。

(3)　IIRC

IIRC（The International Integrated Reporting Council：国際統合報告評議会）は，財務資本の提供者が利用可能な情報の改善，効率的に伝達するアプローチの確立等を目指して英国で設立された民間非営利組織です。同団体が発行したIIRCフレームワークは，企業の財務情報とサステナビリティ情報を含む非財務情報を統合して報告するための枠組みであり，統合報告書作成に係る指導原則や内容要素を定めています。

企業は多様な資本を投入し，事業活動を通じて製品，サービス等のアウトプットが創出され，アウトカムとして企業の価値が資本として蓄積されます。

資本は，「財務資本，製造資本，知的資本，人的資本，社会・関係資本，自然資本」の６つに分類されており，統合報告においてはこれらをビジネスモデルとの関係性を説明しながら，価値創造プロセスを伝達することが期待されています。

フレームワークにおいては，いわゆる「オクトパスモデル」と呼ばれる価値創造モデル（図表１－６参照）が示されており，６つの資本が事業活動を通じてどのようなアウトプットを創出し，資本に影響を与えるアウトカムにつながるか，長期にわたる価値の創造，保全または毀損といった正の影響だけでなく負の影響も含めて説明することが求められます。

図表１－６ IIRCフレームワークにおける価値創造モデル

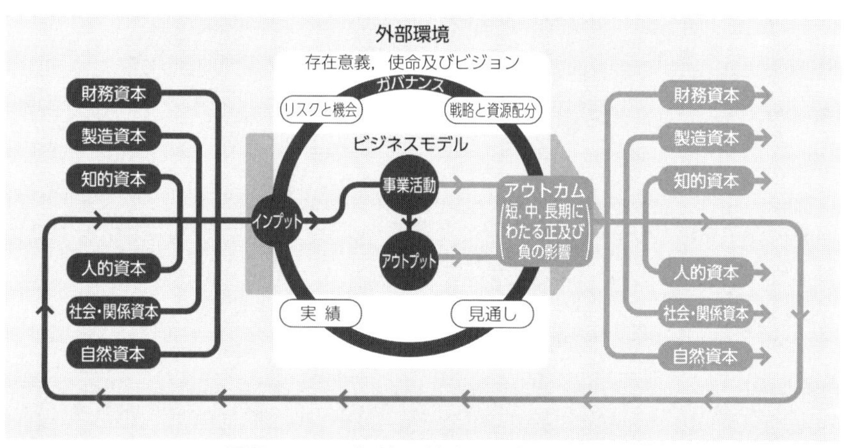

（出所） 国際統合報告〈IR〉フレームワーク2021年１月

IIRCとSASBは2021年６月に合併してVRFとなり，2022年８月にVRFはISSBに統合されました。IFRS財団の傘下にあるIASBとISSBが主体となり，財務報告とサステナビリティ関連財務報告の結合性（つながり）を高めるIIRCフレームワークの活用を今後も継続して企業に推奨していく流れです。

(4) SASB

SASB（Sustainability Accounting Standards Board：サステナビリティ会計基準審議会）は米国の民間非営利組織です。SASB基準は，企業の財務的にマテリアルなESG情報（企業の財務状況・業績に影響を与える可能性が高いESG情報）の開示に特化して，同団体により作成されました。重要なサステナビリティ課題について，11のセクター，77の産業別に開示項目があり，KPIが設定された項目で構成されているところが特徴です。

SASB基準は，図表１－７で示すとおり「環境」，「社会資本」，「人的資本」，「ビジネスモデルとイノベーション」および「リーダーシップとガバナンス」の５つの領域と，それに関連する課題カテゴリーを設定しており，これらは開示項目の規定と紐付いています。

図表１－７　SASBにおける開示の５つの領域と関連する課題カテゴリー

領域 Dimension	環境 Environment	社会資本 Social Capital	人的資本 Human Capital	ビジネスモデルとイノベーション Business Model & Innovation	リーダーシップとガバナンス Leadership & Governance
一般問題カテゴリ General Issue Category	GHG排出（GHG Emissions） 大気質（Air Quality） エネルギー管理（Energy Management） 水及び下水管理（Water & Wastewater Management） 廃棄物及び危険物管理（Waste & Hazardous Materials Management） 生態系への影響（Ecological Impacts）	人権と地域社会のつながり（Human Rights & Community Relations） 顧客のプライバシー（Customer Privacy） データセキュリティ（Data Security） アクセスとアフォーダビリティ（Access & Affordability） 製品の品質と安全性（Product Quality & Safety） 顧客の福祉（Customer Welfare） 販売慣行と製品のラベリング（Selling Practices & Product Labeling）	労働慣行（Labor Practices） 従業員の健康と安全（Employee Health & Safety） 従業員エンゲージメント，多様性とインクルージョン（Employee Engagement, Diversity & Inclusion）	製品設計とライフサイクル管理（Product Design & Lifecycle Management） ビジネスモデル回復力（Business Model Resilience） サプライチェーン管理（Supply Chain Management） 材料の調達と効率（Materials Sourcing & Efficiency） 気候変動の物理的影響（Physical Impacts of Climate Change）	経営倫理（Business Ethics） 競争行動（Competitive Behavior） 法規制環境の管理（Management of the Legal & Regulatory Environment） クリティカルインシデントリスク管理（Critical Incident Risk Management） システミックリスク管理（Systemic Risk Management）

（出所）　日本取引所グループWebページ「ESG情報開示枠組みの紹介」(https://www.jpx.co.jp/corporate/sustainability/esgknowledgehub/disclosure-framework/03.html)

SASB基準は開示要求項目として報告すべきKPI（主要業績指標）や記述内容が詳細に定められている細則主義であり，IIRCフレームワークは詳細な開示要求項目は示されておらず，具体的な開示内容を企業自ら決定して記述する原則主義となっています。したがって，SASB基準は企業間の比較可能性の観点から，またIIRCフレームワークは企業の独自性を記述する観点から優れている基準または枠組みであるといえます。

前述のとおり，IIRCとSASBは2021年６月に合併してVRFとなり，2022年８月にVRFはISSBに統合されました。

また，「１　ISSB基準の構造」でも述べたように，S1基準では，企業が報告すべきサステナビリティ関連のリスクと機会を識別する際，適用される基準がない場合に，SASB基準を考慮しなければならないとされています。

さらに，リスクと機会の識別のステップの後，企業がその見通しに影響を与えると合理的に予想し得るサステナビリティ関連のリスクと機会に関する開示要求事項を識別するにあたり，適用される基準がない場合もSASB基準を考慮しなければならないとされています。

上記のそれぞれの場面で，前述のCDSBフレームワークでは「考慮することができる」とされていますが，SASB基準は「考慮しなければならない」とされている点で位置付けが異なります。さらに，S2基準においては，SASB基準は気候関連の産業別開示要求について，何を報告し，何を開示するかを決定する際に考慮すべき例示的ガイダンスと位置付けられています。

なお，SASB基準は米国の民間基準設定主体により開発されてきた基準であり，米国固有の法令等を前提とした開示項目が含まれていましたが，2024年１月からISSB基準が適用されることに備え，グローバルベースの適用を容易にする観点から，執筆日現在では，2023年12月にISSBによる改訂基準の承認と公表が予定されています。

また，SASB基準の気候関連部分については，グローバルベースの適用を容易にする改訂等を反映したうえで，すでにS2の例示的ガイダンスとしてISSB基準に取り込まれて公表されているため，2023年６月に先行して，SASB基準の当該部分についても改訂されました。

4　相互運用可能性を考慮したグローバル・ベースラインの形成

ISSB基準は投資家の情報ニーズを満たすためのグローバル・ベースラインとなることが意図されています。ISSB基準は，企業がサステナビリティ関連財務情報を財務諸表と併せて，同じ報告パッケージの中での提供が可能になるように設計されています。ISSB基準はIFRS会計基準だけでなく，あらゆる会計基準（例：日本基準や米国会計基準）と組み合わせて用いることを想定して開発されています。特にIFRS会計基準の考え方とは整合しており，ISSB基準は世界中での適用に適した真のグローバル・ベースラインとなり得るサステナビリティ情報開示基準であるといえます。

また，他の国際基準や各法域における基準との相互運用性を強化するために，ISSB基準で特定されるものに加え，（グローバル・ベースラインとして要求される開示が不明瞭にならない限り）他の要請に基づく開示要求の追加を認めるビルディングブロック・アプローチを採用しています。

ISSB基準は，前述のとおり「投資家の意思決定に役立つ重要なサステナビリティ関連財務情報の開示を企業に求めること」を目的としており，シングル・マテリアリティの考え方に基づいています。

一方で，ダブル・マテリアリティの考え方に基づく開示基準も存在し，その代表的なものとしてGRI基準やEUの企業サステナビリティ報告指令（CSRD）に基づく欧州サステナビリティ報告基準（ESRS）が挙げられます。これらとISSBは考え方が矛盾するわけではなく，グローバル・ベースラインとしてのISSB基準にブロックを積み上げるように開示要求事項を追加する形となり，相互の運用可能性が考慮されています。ISSB基準とESRSなど，複数の基準の適用が求められる企業にとっては重複する開示を削減することができ，開示負担の軽減にもつながります。

以下では，ダブル・マテリアリティの考え方に基づくGRI基準とESRSについて解説します。

(1) GRI

GRI（Global Reporting Initiative）は，民間企業，政府機関，およびその他の組織におけるサステナビリティ報告書の理解促進と作成をサポートするオランダのNGO団体であり1997年に設立されました。

設立には国連環境計画（UNEP）も関与しています。もともとは企業による責任ある環境行動原則の遵守を求める説明責任メカニズムを作成する目的で設立されましたが，現在では，社会，経済，ガバナンスの課題にもその対象範囲を拡大しています。

GRIが提供するサステナビリティ開示基準であるGRI基準は，世界中で広く利用されています。GRI基準は，報告主体が経済，環境，人々（人権を含む）に与える顕在化した，あるいは潜在的なプラス・マイナスのインパクトを報告し，持続可能な発展への貢献を説明可能にするためのフレームワークです。

経済，環境，人々（人権を含む）のそれぞれにおいて開示項目やKPI（主要業績指標）を設定しており，企業が経済，環境，人々（人権を含む）に与える影響について，投資家を含むマルチステークホルダーに対して報告するための開示基準としての役割を果たしています。

GRI基準は，図表１－８のように共通スタンダード，セクター別スタンダードおよびトピック別スタンダード（経済・環境・人々（人権を含む））で構成されています。

GRI基準はグローバルな基準として企業や投資家にとって使いやすいものであるべきとの考えをベースとして，他の報告基準との整合性についてもGRIは積極的に行動してきました。2021年には，ESRSの内容とGRI基準との整合性についてまとめた報告書が発表されています。

また，2022年にはIFRS財団と，両者の今後の基準策定における協働のための覚書（Memorandum of Understanding）を取り交しました。ISSB基準は主に投資家の意思決定に資するサステナビリティ関連財務情報に焦点を当てていますが，GRI基準は，より幅広いステークホルダーを対象に，企業の活動が社

図表１－８　GRI基準の体系

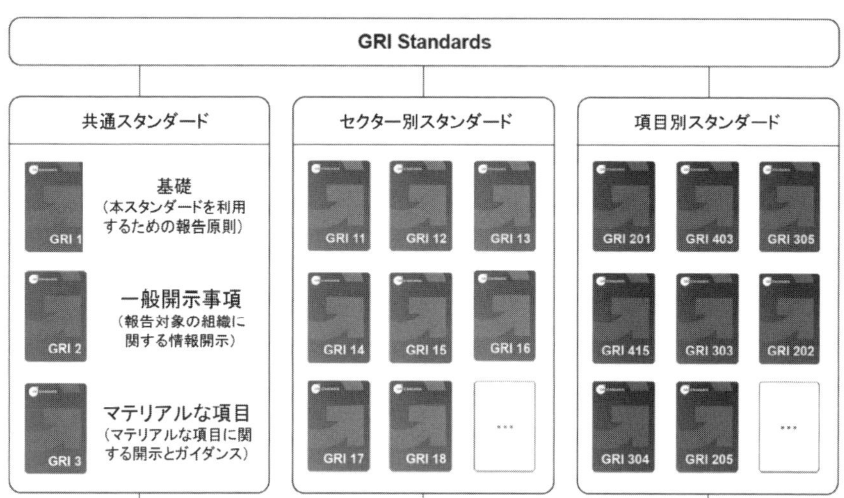

（出所）　GRI Webページ（https://www.globalreporting.org/media/s4cp0oth/gri-gri standards-visuals-fig1_family-2021-print-v19-01.png）

会や環境，人々（人権を含む）に及ぼすプラス・マイナスの影響についても報告する基準として策定されています。両者は主たる想定利用者や報告対象を選定する際の視点が異なっていますが，両者が基準策定において協働することで，用語の互換性やガイダンスの整合性などが確保され，より包括的で調和した一貫性のあるサステナビリティ報告の実現が期待されます。このように，GRIは他の報告基準の開発や発展にも多大な貢献をしていると考えられています。

⑵　CSRDとESRS

EUにおいて，企業サステナビリティ報告に関する指令（CSRD）が2022年11月に欧州理事会にて正式に採択されました。CSRDでは，欧州財務報告諮問グループ（EFRAG）が開発し，欧州委員会が採択する欧州サステナビリティ報告基準（ESRS）に基づき，サステナビリティ情報を報告することが義務化されます。CSRDは，要件を満たせば欧州企業だけではなく欧州域外企業も適用対象となります。適用時期は，現行の非財務報告指令（NFRD）の対象会社は2024年度，それ以外の在欧州の大規模会社・グループは2025年度，一定の要件を満たす非欧州企業グループは2028年度からとなります。

在欧州企業については，上場・非上場を問わず，大規模会社または大規模グループ（個社単体またはグループで，３つの基準［従業員250人超・売上高4,000万ユーロ超・総資産2,000万ユーロ超］のうち２つ以上を満たす会社）が適用対象となります。なお，上記の大規模会社または大規模グループに関する３つの基準について，執筆日現在においてインフレの影響を加味した変更が提案されています［従業員250人超（変更なし）・売上高5,000万ユーロ超・総資産2,500万ユーロ超］。適用対象には日系企業の欧州域内の子会社も含まれます。ただし，免除規定があり，適用対象となる大規模会社・グループの親会社が，CSRDの適用対象となる大規模会社・グループを含む連結ベースで，CSRDと同じ水準でサステナビリティ報告を行い，第三者の保証を受けている場合は適用対象となる大規模会社・グループの報告は免除されます。

欧州域外企業については，グループ全体で過去２期連続で欧州域内の純売上高が１億5,000万ユーロ超であり，欧州域内に子会社（大規模または上場）または支店（4,000万ユーロ超の売上）を持つ場合，グループとしてサステナビリティ報告義務が生じます。なお，欧州域外企業に関する開示内容は，2024年６月30日（執筆日現在，2026年６月30日までの延長が提案されています）までに欧州委員会が採択するESRSの第三国向け基準により規定されることとなります。

ESRSの全体像は図表１－９のとおりとなり，12の基準で構成され，全般的な基準と，セクター横断的な基準として環境，社会，ガバナンスに関するトピック別基準があります。2023年７月，欧州委員会はESRSのセクター横断的な基準を採択し，その後所定の手続を経て2023年10月に確定しました。なお，セクター別基準，中小企業向け基準および第三国向け基準は今後公開予定となっています。

前述のとおり，ESRSはダブル・マテリアリティの考え方に基づき基準開発

図表１－９　ESRSの全体像

公開済み			公開予定
全般的な基準			セクター別基準
ESRS1 全般原則			中小企業向け基準
ESRS2 全般的開示要件			非欧州企業向け基準
セクター横断的な基準			
環境	社会	ガバナンス	
ESRS E1 気候変動	ESRS S1 自社の従業員	ESRS G1 事業運営	
ESRS E2 汚染	ESRS S2 バリューチェーン内の労働者		
ESRS E3 水と海洋資源	ESRS S3 影響を受けるコミュニティ		
ESRS E4 生物多様性と生態系	ESRS S4 消費者及びエンドユーザー		
ESRS E5 資源利用とサーキュラーエコノミー			

（出所）　EY Japan「EU Sustainability Developments」2022年11月（https://www.ey.com/ja_jp/ifrs/ifrs-insights/2023/ifrs-2023-01-05-efrag-esrs）

がなされていますが，公開草案後の再審議の過程においてTCFD開示の４つの柱の構造（ガバナンス・戦略・リスク管理・指標と目標）が導入され，また主要な用語について整合性が図られるなど，ISSB基準とのコンバージェンスが進められました。これにより，グローバル・ベースラインとしてのISSB基準との比較でESRSが追加の開示要求事項を規定する形と整理することができ（ビルディングブロック・アプローチと整合），以前よりも相互運用性が強化されています。

第2節　ISSBによる基準開発の経緯

第1節ではIFRSサステナビリティ開示基準の特徴について見ましたが，そもそも，なぜIFRS財団の傘下にISSBが設立され，サステナビリティ開示基準の開発に着手したのか，その経緯について解説します。

1　サステナビリティ情報開示の重要性の高まり

(1)　企業経営の目的の変化

ISSB基準が開発された背景として，サステナビリティ情報開示の重要性が急速に高まっていることが挙げられます。ここで，情報開示は企業経営の目的を達成するための手段ともいえるため，国際社会において社会や投資家が求める企業経営の目的の変化に目を向けたいと思います。企業経営の目的は各社各様ですが，長期的な推移では一定の傾向が見られます。ノーベル経済学賞を受賞したミルトン・フリードマンが1970年にニューヨークタイムズへの寄稿の中で「企業の社会的責任は利益を増やすことにある」と提唱したように，短期株主資本主義に基づき企業経営を行うことが主流でした。その時代では，企業の本分は成長と雇用拡大であり，環境・社会への対応は企業活動の本質ではないものと考えられました。

この考えは当時の世界経済の成長の原動力となりましたが，同時に急速な経済成長や人口の増加による環境破壊や食料不足の問題が発生しました。また，人間活動の基礎となる鉄や石油，石炭などの資源は有限であるといった警鐘も鳴らされました。そういった中で，1992年に環境と開発に関する国連会議（地球サミット）が開催され，気候変動枠組条約，生物多様性条約などの21世紀に向けた人類の取組みに関して数多くの国際合意が得られ，環境や社会への問題意識が国際的に高まりました。環境や社会に対する企業活動に起因する「負の影響」への責任ある対応と説明責任の履行をすべきというCSR（Corporate Social Responsibility：企業の社会的責任）の考えが，企業でも重視されるようになりました。

その後，2015年の国連サミットにて2030年までに持続可能でよりよい世界を目指す国際目標としてSDGs（Sustainable Development Goals：持続可能な開発目標）が設定され，また，2015年には気候変動問題への対応としてCOP21にてパリ協定が締結されるなど，世界的にSDGsやESGに対する意識が高まり，消費者や従業員，投資家など企業を取り巻くステークホルダーにも大きな影響を与えるようになりました。

かつて，投資家は企業価値を測る材料として，キャッシュ・フローや利益率などの定量的な財務情報や３年程度の中期経営計画を主に使用してきました。VUCAという言葉に代表されるような未来の予測が難しい不確実性の高い昨今においては，環境や社会への配慮は企業の利益追求とトレードオフの関係にあるわけではなく，むしろ企業の持続可能な発展のためには，企業活動の前提となる地球環境や国際的な社会との共存共栄にコミットすることが大前提となります。また，そういった社会課題の解決に事業機会を見出すことが，長期的な企業価値向上につながるとの考え方が広まっています。すなわち，短・中期の「利益の追求」だけではなく，「サステナブルな社会の実現」を目指すサステナビリティ経営が長期的な企業価値向上のためには不可欠であるとの考えが主流になってきています。

⑵　ESG投資の高まり

サステナビリティに関連した世界的な動きは投資家の行動にも変化をもたらしており，昨今ではESG要素を考慮した「ESG投資」が盛んになっています。ESG投資は，2006年に国連が機関投資家に対し，ESGを投資プロセスに組み入れる「責任投資原則」（PRI）を提唱したことをきっかけに拡がりました。

日本においても2015年に年金積立金管理運用独立行政法人（GPIF）がPRIに署名し，本格的なESG投資への取組みを開始しており，その運用額は年々増加傾向にあります。

さらに，株式投資としてのESG投資の拡大に加えて，グリーンボンドやサステナビリティボンドなどのESG関連債の発行額も増加しています。金融機関の融資も含め金融資本市場における投融資の判断にサステナビリティの判断を組み入れるサステナブルファイナンスの動きが，各国政府の政策的な後押しもあり急速に拡大しています。

(3) サステナビリティ情報開示の役割

サステナビリティに関する企業や投資家の意識や行動に変化が見られる中で，「サステナビリティ情報開示」の重要性が飛躍的に高まっています。投資家がESG投資を行う際には，企業を取り巻くサステナビリティ課題がどのようなリスクと機会をもたらし，それらに対して企業はどのような戦略で対応し企業価値の維持向上を図るのかについて「サステナビリティ情報開示」として企業に開示を求めます。企業は現状を開示するだけではなく，目標に向けた達成状況を確認しながらサステナビリティ課題への対応方針や体制を見直し，戦略のレジリエンス（強靭性）を高めていくこととなります。サステナビリティ情報開示を通じた投資家と企業との建設的な対話は，企業経営の目標達成を推進し，ひいては「サステナブルな社会」の実現につながるといえます。このように，サステナビリティ情報開示は，投資家と企業の対話における重要なツールとなります。

企業が質の高い情報開示を効率的に行い，国際的に一貫した比較可能なサステナビリティ情報の開示を実現するためには，グローバルで統一された開示基準が必要となりますが，さまざまなイニシアティブが乱立する状況となっていました。世界の資本市場が包括的なグローバル・ベースラインとなるサステナビリティ情報開示基準を待ち望む中で，ISSB基準が開発されることとなりました。

2 国際サステナビリティ基準審議会（ISSB）の設立

(1) ISSB設立の経緯

民間の非営利組織であるIFRS財団は，国際財務報告基準（International

Financial Reporting Standards：IFRS）を策定している国際会計基準審議会（International Accounting Standards Board：IASB）の設立母体となっている団体です。前述のサステナビリティ情報開示の重要性の高まりを受け，IFRS財団は，国際的なサステナビリティ開示基準のニーズや，その策定にIFRS財団が具体的に関与することについての意見募集を実施しました。その結果，国際的に一貫した比較可能なサステナビリティ情報開示が求められており，IFRS財団が関連基準の設定において主導的な役割を果たすべきという幅広い要望があることが確認されたため，ISSB設立に向けた準備が進められることとなりました。

ISSB設立に先駆けて，基準策定の準備を早急に進めていくために，TCFD，VRF，CDSB，WEF（世界経済フォーラム），IASBから構成されるワーキンググループ（Technical Readiness Working Group：TRWG）がIFRS財団直下に組成されました。第１節に記載のとおり，VRFとCDSBについては，その後IFRS財団に統合されています。TRWGによってサステナビリティ開示基準のプロトタイプが開発され，ISSB基準の公開草案，確定基準が公表されることとなりました。

図表１-10　ISSBと各機関の関係

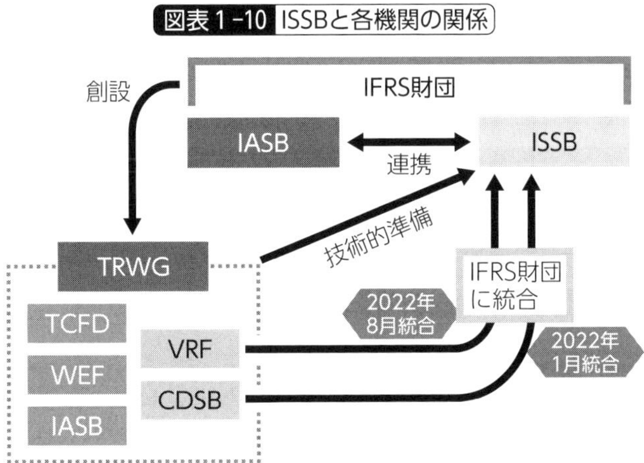

（出所）　EY Japan「IFRS財団による国際サステナビリティ基準審議会（ISSB）の設立」（https://www.ey.com/ja_jp/ifrs/info-sensor-2022-02-03-topics）

2021年11月，IFRS財団の傘下に，国際的な会計基準の設定主体であるIASBの姉妹組織として，国際的なサステナビリティ開示基準の設定主体であるISSBが設立されました。IFRS財団には，IASBによるIFRS会計基準の策定・運用の実績を通じて，国際的な基準設定に関する知識や経験，ガバナンス等のノウハウがすでに備わっていました。

また，ISSB基準は，サステナビリティ関連財務情報の開示に関する基準であるため，IASBが策定するIFRS会計基準との結合性（つながり）の検討を含め，ISSBとIASBの連携による効果的かつ効率的な基準開発が意図されています。

⑵ ISSBの目的

ISSBは，公共の利益に資するため，投資家と金融市場のニーズに焦点を当てたサステナビリティ情報開示の包括的なグローバル・ベースラインを実現するための基準開発に取り組んでいます。ISSBは以下の4点を主要な目的としています。

- サステナビリティ情報開示のグローバル・ベースラインを形成するための基準を開発すること
- 投資家の情報ニーズに応えること
- 企業が世界の資本市場に対して包括的なサステナビリティ情報を提供し得るようにすること
- 各法域固有の開示との，あるいは，より広範囲な利害関係者グループを対象とした開示との相互運用性を促進すること

なお，ISSBは，サステナビリティ開示基準の開発にあたり，G7，G20，証券監督者国際機構（IOSCO），金融安定理事会（FSB），アフリカ財務大臣，40以上の法域の財務大臣や中央銀行総裁からの国際的な支援を受けています。

(3) ISSBの組織体制

ISSBは議長，副議長を含む14名の審議会メンバーにより構成され，日本からは元GPIF（年金積立金管理運用独立行政法人）の小森博司氏が2022年8月に理事に任命されています。事務所はフランクフルト，モントリオール，北京，サンフランシスコ，ロンドン，東京に設置されています。

ISSBはIFRS財団傘下の組織であり，IFRS財団のガバナンス体制に組み込まれています。IFRS財団には活動資金の調達，IASBやISSBのメンバーの任免および活動状況の監督に責任を有する評議員会（Trustees）があり，基準設定主体であるISSBの活動を監督しています。また，評議員の選任の承認や，評議員の責任の遂行についてレビューし助言を提供するモニタリング・ボードがあり，そのメンバーとして，証券監督者国際機構，金融庁，欧州委員会（EC），米国証券取引委員会（SEC）など，主要な当局が参加しています。

図表1-11　ISSBのガバナンス体制

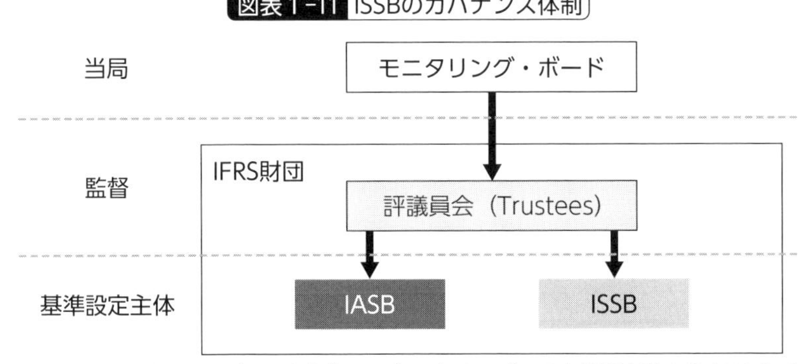

（出所）　IFRS財団定款，日本取引所グループWebページ，日本公認会計士協会Webページ「IASBとは（基礎知識）」https://jicpa.or.jp/specialized_field/ifrs/basic/iasb/

(4) ISSBの今後の活動

第1節で述べたとおり，今後ISSBが取組みを検討しているサステナビリティ関連の項目について，基準開発が進められます。

また，ISSBは各法域および企業と協力し，ISSB基準の導入を支援していくこととなります。ISSB基準を適用する企業を支援するための移行支援グループ（Transition Implementation Group）の設立および効果的な適用を支援するためのキャパシティ・ビルディング（能力構築）の取組みがなされます。

さらに，ISSB基準が他の報告基準と組み合わせて適用される際に，効率的かつ効果的な報告を支援するために，グローバル・ベースラインを超えた追加的な開示を要求しようとしている法域およびGRIと引き続き協力していくこととなります。

第３節　世界の情報開示に与える影響

本節では，ISSB基準が今後の世界のサステナビリティ情報開示に与える影響と，日本で想定される影響について見ていきます。

1　証券監督者国際機構（IOSCO）によるレビュー

世界各国・地域の証券監督当局や証券取引所等から構成される国際機関であるIOSCOは2023年７月，S1基準およびS2基準の両基準をエンドース（承認）し，世界各国の規制当局にその適用を推奨することとなりました。ISSB基準は2024年１月１日以降開始する事業年度の年次報告から適用（両基準を同時に適用する場合には早期適用可）されますが，各法域の規制報告で適用が要求されるためには，各法域の規制当局によるISSB基準適用の決定が前提となります。IOSCOによる推奨を受け，各法域での適用が加速することが想定されます。

2　EUの状況

EUの状況は第１節４「⑵　CSRDとESRS」で述べたように，CSRDの適用により，ESRSに基づくサステナビリティ情報の報告が義務化されます。ESRSはダブル・マテリアリティの考え方を前提としていますが，ISSB基準とのハイレベルな相互運用性が考慮されており，報告書を作成する企業と利用者の双方にとって効率的な運用が期待されています。

また，CSRDにはサステナビリティ情報に信頼性を付与するための独立した第三者による保証制度に関する規定が含まれます。CSRDでは，サステナビリティ情報に対する保証レベルを段階的に引き上げる方針であり，まずは限定的保証が求められます。欧州委員会は，2026年10月１日までに限定的保証に関する基準を採用する予定です。

その後，より厳格な保証要件である合理的保証に引き上げるかどうかを評価したうえで，引上げが妥当であるという結論になれば2028年10月１日までに合理的保証に関する基準を採用し，サステナビリティ情報の保証レベルを合理的保証に引き上げる期日が定められます。

一方で，ISSB基準はあくまでサステナビリティ情報開示基準であり，保証制度の要否についてはISSB基準が適用される際に各法域にて検討されることが想定されています。

なお，サステナビリティ情報の保証基準については，国際監査・保証基準審議会（IAASB）によって開発されています。サステナビリティ情報に対する保証ニーズの国際的な高まりを受け，2022年３月よりIAASBボード会議にてサステナビリティ保証に対する包括的基準の検討が開始され，2023年６月に国際サステナビリティ保証基準（ISSA）5000案が承認されました。その後，2023年８月に同公開草案が公表され，2023年12月１日まで意見募集されました。公開草案に対して受領したコメントを受けた再審議を経て，2024年12月末までに確定基準が公表される見込みです。

3　米国の状況

米国では2022年３月に米国証券取引委員会（U.S. Securities and Exchange Commission：SEC）が気候変動開示案を公表しました。この案では気候関連情報を年次報告書や証券登録届出書において開示することが要求されています。

米国内外問わず，すべてのSEC登録企業が対象とされており，適用予定時期は，図表１－12に示すとおりSEC登録企業のタイプに応じて段階的となります。

図表１－12　SECの気候変動開示案適用スケジュール

タイプ	開示の適用時期 （スコープ３を除く）	スコープ１・２の保証
大規模早期提出会社	2023事業年度	限定的保証：2024会計年度 合理的保証：2026会計年度
早期提出会社	2024事業年度	限定的保証：2025会計年度 合理的保証：2027会計年度
非早期提出会社	2024事業年度	－
小規模報告会社	2025事業年度	－

SECの気候変動開示案においてはGHG排出量のスコープ１・２に関して独立した第三者による保証制度の規定があり，大規模早期提出会社および早期提出会社において，限定的保証と合理的保証が段階的に適用される予定です。

なお，SECの気候変動開示案とISSB基準は，基準開発において協働関係が築かれているわけではありませんが，両者ともTCFD提言の考え方を取り入れた基準となっているなど，整合する部分も見られます。

SECの気候変動開示案はGHGのスコープ３排出量開示の要件などについて議論がなされており，執筆日現在において公表には至っていません。他方，米国の状況として，世界のサステナビリティ情報開示に影響を与え得る動きも見られます。2023年10月にカリフォルニア州知事は，同州で事業を行う一定の要件を満たす企業に対して，GHG排出量や気候関連リスクの開示，カーボン・オフセット取引の透明性を含む気候関連開示を義務付ける法案一式に署名し，カリフォルニア州が気候関連開示を義務付ける米国初の州となりました。

4　世界の気候関連基準の比較

ISSBのS2基準，ESRSのE1基準およびSECの気候変動開示案はいずれも気候関連のサステナビリティ開示基準となります。それぞれの基準の特徴を比較すると図表１－13のようになります（「指標と目標」に関連する比較は第３章で説明します）。

図表１-13 気候関連基準比較

項目／基準	IFRS S2	ESRS	SEC
シナリオ分析	•事業戦略のレジリエンスを評価するために企業の状況に見合った気候変動関連のシナリオ分析を行う必要がある。 •分析実施の際に過度のコストや労力をかけることなく，報告日時点で入手可能な合理的かつ裏付け可能なすべての情報を使用することを求めている。 •定量的・定性的情報の開示を要求している。また，シナリオ分析の実施方法（企業が，そのシナリオの中で気候変動に関する最新の国際合意に沿ったシナリオを使用したかどうかを含む）についての開示を要求している。	•事業戦略のレジリエンスを評価するために，パリ協定に沿った少なくとも１つのシナリオを含む気候関連のシナリオ分析を求めている。 •定量的・定性的な情報の開示を要求している。また，シナリオ分析の実施方法とシナリオ分析が気候変動リスクの特定と評価にどのように利用されたかについての開示を要求している。	•気候関連リスクへのレジリエンスを評価するためにシナリオ分析を使用することは要求されていない。 •企業がシナリオ分析またはその他の分析ツールを使用する場合は，定量的・定性的な情報の開示を要求している。
気候関連の財務諸表への影響	•気候関連のリスクと機会が，報告対象期間の財政状態，財務パフォーマンス，キャッシュ・フローに与えた影響，および短期・中期・長期（具体的なそれぞれの期間は定義されていない）に予想されるそれらの影響を，定量的情報を含め（ただし，開示することができない場合を除く），一般目的財務報告の一部（例：年次報告書の経営者コメント）として開示する。 •影響を判断する際に過度のコストや労力をかけることなく，報告日時点で入手可能な合理的かつ裏付け可能なすべての情報を使用することを求めている。	•年次報告書に含まれる経営報告書において，重要な気候関連リスクと機会が，財務パフォーマンス，財政状態，キャッシュ・フローにどのような影響を与えたか，また，重要な気候関連リスクと機会の影響により，財務パフォーマンス，財政状態，キャッシュ・フローが，短期，中期，長期（それぞれ１年以内，１年超５年以内，５年超と定義される）にわたって，どのように変化すると予想されるかを開示することを求めている。	•監査済み財務諸表注記で以下を開示することを義務付けている。 ☑深刻な気象現象，その他の自然条件，および（脱炭素への）移行活動が，各財務諸表項目に与えるプラスおよびマイナスの影響（ただし，絶対値ベースの影響合計が当該表示項目合計の１％未満である場合を除く）。 ☑費用化され，または資産化された気候関連コストの総額（ただし，それぞれの総額が，当期発生した費用総額または資産化されたコスト総額の１％未満である場合を除く）。 ☑気候関連事象や移行活動が，財務諸表の作成に使用した見積りや仮定に影響を与えたかどうか，またどのように影響を与えたか。

開示が求められる場所	●企業の一般目的財務報告の一部に含まれる。ただし，その情報が他の一般目的財務報告と同じ条件，かつ同じ時期に入手可能である限り，相互参照することが許容される。 ●監査済み財務諸表内における情報開示は要求されていない。	●経営報告書においてサステナビリティに関する事項の開示を要求している。 ●監査済み財務諸表内における情報開示は要求されていない。	●年次報告書や登録届出書での開示を要求している。 ●開示の大部分は，SEC提出書類のキャプションが付いた別個のセクションに含まれるため，開示コントロールおよび手続の対象となる一方，気候関連の財務諸表への影響は監査済み財務諸表で開示され，財務報告に係る内部統制の対象となる。
保証	●保証要件には触れていない。 ●基準の採用を決定する法域の当局が，保証が必要かどうかを決定する必要がある。	●経営報告書に含まれるスコープ１とスコープ２の排出量に関する開示だけでなく，すべてのサステナビリティ開示について，限定的保証（ECがフィージビリティ分析を実施した後，将来的に合理的保証に移行する予定）を要求している。 ●保証提供者は，財務諸表監査人であるか，またはEU加盟国がCSRDを自国の法律に組み込む際に選択する場合には，EU加盟国が認定した他の独立した保証提供者である必要がある。	●早期提出会社および大規模早期提出会社の両方について，当初はスコープ１とスコープ２の排出量について限定的保証を求め，段階的な適用時期を設け，後に合理的保証に移行する。 ●非早期提出会社や小規模報告会社に対しては，排出量開示の保証を要求しない。 ●財務諸表における開示は監査対象となり，当該開示に関連する統制もまた，財務報告に係る内部統制監査の対象となる。 ●保証提供者は独立した立場である必要があり，GHG排出量の測定，分析，報告または証明について相当の経験を有する必要がある。 ●保証提供者に関する一定の情報開示が求められる。
その他要求事項	●気候関連リスクと機会の両方の開示を要求している（ただし，機会に関する情報は商業上の機密（Commercially Sensitive）とみなされる要件を満たす場合を除く）。 ●気候関連事項に関連する役員報酬についての定量的・定性的情報の開示を求めている。 ●エネルギー消費の開示は要求されていない。	●気候関連リスクと機会の両方の開示を要求している。 ●気候関連事項に関連する役員報酬についての定量的・定性的情報の開示を求めている。 ●気候変動の影響が大きいセクターの活動についてのみ，原単位でのエネルギー消費に関する詳細な定量的情報を要求している。	●気候関連リスクの開示を要求しており，気候関連機会の開示は許容されている。 ●気候関連事項に関連する役員報酬についての定性的・定量的情報の開示は要求されていないが，これはSECの既存ルールが，役員報酬と気候関連リスクへの対応の進捗との関連性を開示するための枠組みをすでに提供していることによる。 ●エネルギー消費の開示は要求されていない。

5　日本の状況

日本においても，自主開示，制度開示においてサステナビリティ情報開示は拡充されつつあります。日本はTCFD提言に賛同している企業も多く，統合報告書等の自主開示により，サステナビリティ情報開示の実務が拡大してきました。一方で制度開示におけるサステナビリティ情報開示も拡充が図られてきました。2021年6月に改訂されたコーポレートガバナンス・コードにおいて，プライム市場上場会社はTCFDまたはそれと同等の枠組みに基づく気候変動に関する開示の質と量の充実を進めるべきとされ，2023年1月に公布・施行された「企業内容等の開示に関する内閣府令」等により有価証券報告書にてサステナビリティ情報の記載欄が新設されました。

また，IFRS財団によるISSB設立の公表を受けて，国内のサステナビリティ開示基準の開発と，国際的なサステナビリティ開示基準の開発への貢献を目的として，財務会計基準機構（FASF）は2022年7月にサステナビリティ基準委員会（SSBJ）を設立しました。

図表1－14のとおり，IFRS財団の傘下のIASBとISSBに対応するように，FASFの傘下に企業会計基準委員会（ASBJ）とSSBJが姉妹組織として基準開発等を連携して行う体制となっています。

図表1－14　SSBJの位置付け

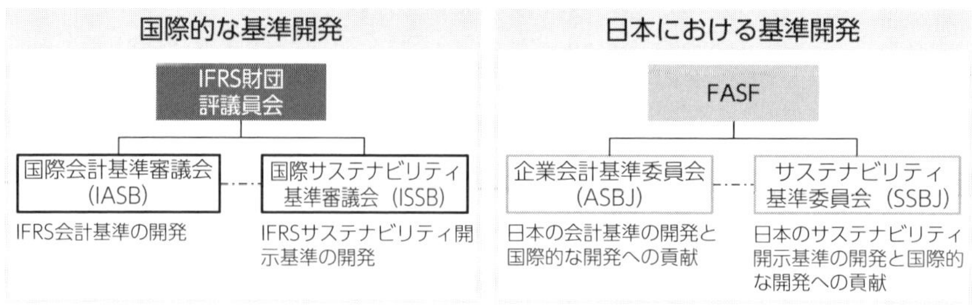

SSBJは2023年1月に日本版S1基準およびS2基準の開発に着手することを決定しました。ISSBのS1基準およびS2基準の公表を受けて，執筆日現在，日本

版S1基準およびS2基準の公開草案が2023年度中（遅くとも2024年３月末まで），確定基準を2024年度中（遅くとも2025年３月末まで）に公表される予定です。

ISSB基準およびSSBJ基準が具体的にどのように開示実務に反映されることになるかについては，第三者保証の義務化も含め，金融庁で検討されることになりますが，日本のサステナビリティ情報開示は今後数年で大きく拡大していくことが想定されます。

6　CDP環境開示プラットフォームの気候変動開示への影響

CDP（旧称Carbon Disclosure Project）は英国の慈善団体が管理する非政府組織（NGO）であり，投資家，企業，国家，地域，都市が自らの環境影響を管理するためのグローバルな情報開示システムを運営しています。気候変動，水，森林の３つのプログラムについて質問項目を設定し，企業等からの回答を開示しています。

CDP環境開示プラットフォームにおける気候変動開示については，現在はTCFD提言をベースとした枠組みが採用されていますが，S2基準の枠組みが2024年のレポーティングから反映されます。2022年実績で，1,700社以上の日本企業がCDPを通じて情報開示を行っており，実務的な影響が大きいことが想定されます。

第4節　把握すべき10の事項

ISSBはISSB基準の公表の際に，「IFRSサステナビリティ開示基準について把握すべき10の事項」として，図表1－15に記載の趣旨の内容をホームページで公表しています。本章の第1節から第3節と併せて確認することで，ISSB基準の特徴や基準開発の背景についてのポイントを整理できます。

図表1－15　IFRSサステナビリティ開示基準について把握すべき10の事項

項　目		内　容
①	グローバル・ベースライン	ISSB基準は投資家の情報ニーズを満たすためのグローバル・ベースラインとなることが意図されています。ISSB基準では，他の国際基準や各法域における基準との相互運用性を強化するために，ISSB基準で特定されるものに加え，他の要請に基づく開示要求の追加を認めるビルディングブロック・アプローチを採用しています（本章第1節**4**参照）。
②	国際的な支援	ISSBは，サステナビリティ開示基準の開発にあたり，G7，G20，証券監督者国際機構（IOSCO），金融安定理事会（FSB），アフリカ財務大臣，40以上の法域の財務大臣や中央銀行総裁からの国際的な支援を受けています（本章第2節**2**参照）。
③	投資家に有用な情報提供	ISSB基準により，投資家の意思決定に役立つ重要なサステナビリティ関連財務情報の開示が企業に求められます（本章第1節**2**参照）。 また，企業はサステナビリティ情報開示の取組みを，気候関連を最初として段階的に進めることができます（本章第1節**1**参照）。
④	既存イニシアティブの活用と統合	ISSBによる基準開発の特徴として，既存イニシアティブの活用が挙げられます。TCFD，CDSB，IIRC，SASBなど多くのイニシアティブが，ISSB基準の開発に関わっています。IIRCとSASBの合併により設立されたVRFとCDSBについては，組織的にもIFRS財団に統合されています（本章第1節**3**参照）。

⑤	重複したレポーティングの削除	ISSBはグローバル・ベースラインを形成するためのビルディングブロック・アプローチを採用しており，ISSB基準とESRSなど，複数の基準の適用が求められる企業にとっては重複する開示を削減することができ，開示負担の軽減にもつながります（本章第１節**4**参照）。
⑥	企業の効率的なコミュニケーションを支援	サステナビリティ情報開示は，投資家と企業の対話における重要なツールとなります。ただし，効果的かつ効率的な対話の実現のためには，グローバルで統一された開示基準が必要となります。世界の資本市場が包括的なグローバル・ベースラインとなるサステナビリティ情報開示基準を待ち望む中で，ISSB基準が開発されることとなりました（本章第２節**1**参照）。
⑦	財務情報と非財務情報の結合性（つながり）	サステナビリティ関連財務情報は財務情報の先行情報としての性質があり，両者の結合性（つながり）が重要なポイントになります（本章第１節**2**参照）。 ISSB基準は，企業がサステナビリティ関連財務情報を財務諸表と併せて，同じ報告パッケージの中での提供が可能になるように設計されています。ISSB基準はあらゆる会計基準（例：日本基準や米国会計基準）と組み合わせて用いることを想定して開発されており，特にIFRS会計基準の考え方と整合しています（本章第１節**4**参照）。
⑧	厳格なコンサルテーションを経た開発	IFRS財団には，IASBによるIFRS会計基準の策定・運用の実績を通じて，国際的な基準設定に関する知識や経験，ガバナンス等のノウハウがISSB設立前から備わっていました（本章第２節**2**参照）。ISSB基準は，IFRS会計基準の開発と同様，包括的で透明性のあるデュー・プロセス（適正な手続）により開発され，ISSBの公開草案に対する意見募集に対して1,400件を超える回答がありました。
⑨	より広範なサステナビリティ報告との相互運用性	IFRS財団とGRIは今後の基準策定における協働のための覚書を取り交わしています。両者は主たる想定利用者や報告対象を選定する際の視点が異なっていますが，両者が基準策定において協働することで，用語の互換性やガイダンスの整合性などが確保され，より包括的で調和した一貫性のあるサステナビリティ報告の実現が期待されます（本章第１節**4**参照）。

⑩	能力構築のためのパートナーシップ	ISSBは各法域および企業と協力し，ISSB基準の導入を支援していくこととなります。ISSB基準を適用する企業を支援するための移行支援グループ（Transition Implementation Group）の設立および効果的な適用を支援するためのキャパシティ・ビルディング（能力構築）の取組みがなされることとなります（本章第２節**2**参照）。

（出所） ISSBWebページ「Ten things to know about the first ISSB Standards」をもとにEYで作成

第2章 IFRS S1基準「サステナビリティ関連財務情報の開示に関する全般的要求事項」

第1節 目的（OBJECTIVE）

IFRS S1「サステナビリティ関連財務情報の開示に関する全般的要求事項」（以下「本基準」,「IFRS S1」または「S1」という）の目的は,「一般目的財務報告(注)の主要な利用者が企業へのリソース提供に関する意思決定を行う際に有用となる，企業のサステナビリティ関連のリスクと機会に関する情報を提供することを企業に求めること」とされています［S1.1］。

（注） 主要な利用者が企業にリソースを提供することに関して意思決定を行う際に，報告企業に関する有用な財務情報を提供する報告書。これらの意思決定には，以下に関する決定が含まれます。
(a) 株式・債券の購入，売却，保有
(b) 貸付金その他の形態の信用の供与または回収
(c) 企業の経済的資源の使用に影響を与える経営者の行動に投票権を行使すること，あるいは，その他の方法で影響を与えること
一般目的財務報告には，企業の一般目的財務諸表およびサステナビリティ関連の財務開示を含みますが，これらに限定されるものではありません［S1.Appendix A, S1.B14］。

その目的のため，本基準は，企業がサステナビリティ関連財務開示をどのように作成し，報告するかを規定しており，開示された情報が主たる利用者が企業へのリソース提供に関する意思決定を行う際に有用となるよう，開示の内容

と表示に関する全般的な要求事項を定めています［S1.4］。

また，本基準では，「企業の見通しに影響を与えると合理的に予想し得るサステナビリティ関連のすべてのリスクと機会に関する重要性がある（「重要性」の定義に関しては第 4 節 **2** 参照）情報」を開示することが要求されています。

「企業の見通しに影響を与える」とは，短期，中期，長期にわたる企業のキャッシュ・フロー，資金調達へのアクセスおよび資本コストに影響を与えるものである，とされています［S1.3, B1］。

第２節　範囲（SCOPE）

1　範　　囲

企業は，サステナビリティ関連財務情報の作成および開示において，本基準を適用することになります［S1.5］。また，その他のIFRSサステナビリティ開示基準において，企業が特定のサステナビリティ関連のリスクと機会について開示しなければならない情報が規定されています（例：気候関連のリスクと機会については，IFRS S2「気候関連開示」において規定）［S1.7］。

図表２－１　ISSB基準の構造（再掲）

全般的な要求事項		一般規定【IFRS S1】
テーマ別	最初は	気候関連【IFRS S2】
産業別	例：消費財，採掘，金融，食料・飲料，ヘルスケア等	

（出所）　S1およびS2に基づきEYが作成

2　適用している会計基準との関係

企業は，関連する一般目的財務諸表をIFRS会計基準またはその他の一般に公正妥当と認められる企業会計の原則または慣行（例：日本基準や米国会計基準）に準拠して作成するいずれの場合でも，このIFRSサステナビリティ開示基準を適用することができる旨が明確にされています［S1.8］。

IFRS S1は，IASBの概念フレームワーク，IAS第１号「財務諸表の表示」，IAS第８号「会計方針，会計上の見積りの変更及び誤謬」と整合する定義と要求事項を該当する場合には使用しています。

ただし，ISSBは，このようなアプローチが，IFRS会計基準の代わりに他のGAAPを適用する企業にとって，IFRSサステナビリティ開示基準の適合性を制限するものではないことを意図しています［S1.BC5］。

3　非営利企業への適用

本基準は，公的セクターの事業体を含む営利目的事業体（企業）に適した用語を使用しています。民間セクターや公的セクターで非営利活動を行う事業体が本基準を適用する場合，IFRSサステナビリティ開示基準を適用する際に，特定の情報項目で使用されている記述を修正する必要がある可能性がある，とされています［S1.9］。

第３節　サステナビリティ関連財務情報の開示に至るまでのプロセス

本基準の求める，将来の見通しに影響を与えると合理的に予想し得るサステナビリティ関連のリスクと機会に関する重要性がある情報の開示［S1.17］に至るまでのプロセスは以下の２つのステップに分解することができます。

> １．サステナビリティ関連のリスクと機会の識別
> ２．開示要求事項の識別

また，本基準は，上記の各ステップごとのガイダンスとなる情報源についても定めており，適用する情報源の識別およびそれらの開示も求められています［S1.59(a)］。

1　サステナビリティ関連のリスクと機会の識別（Identifying sustainability-related risks and opportunities）

(1)　サステナビリティ関連のリスクと機会とは

そもそも，企業が短期，中期，長期にわたりキャッシュ・フローを生み出す能力は，企業と，企業のバリューチェーン(注)全体におけるステークホルダー，社会，経済および自然環境との相互作用に密接に関連しています。その結果，企業と，企業のバリューチェーン全体のリソースと関係は，企業の活動において相互的に作用します。したがって，サステナビリティ関連のリスクと機会は，企業のリソースと関係への依存，および企業のリソースと関係に与える影響から生じます［S1.2］。

(注)　報告企業のビジネスモデルおよびその事業を取り巻く外部環境に関連するあらゆる相互作用，リソースおよび関係。バリューチェーンとは，製品またはサービスの構想から提供，消費および終了まで，企業が製品やサービスを創造するために用いる，または依存する相互作用，リソースおよび関係が含まれる。

図表2-2 企業と企業のバリューチェーン全体におけるステークホルダーや自然環境等との相互作用

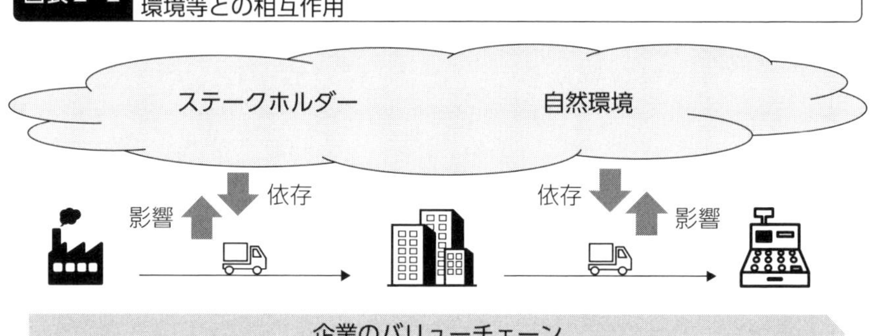

（出所） S1.2に基づきEY作成

そのようなリソースと関係には，人的資源などの企業のオペレーションに関わるもの，企業の供給，マーケティングおよび流通の各チャネルに関わるもの，ならびに企業がオペレーションを行う財務的環境，地理的環境，地政学的環境，規制環境などが含まれます［S1.Appendix A］。企業に関連性のあるサステナビリティ関連財務情報は，企業の活動または属する産業，企業の所在地，製品および製造プロセス，従業員およびサプライチェーンへの依存の性質など，多くの要因に依存しています。

そのため，サステナビリティ関連のリスクと機会は，例えば気候変動，水の利用，土地の利用，職場の健康と安全，バリューチェーンにおける労働条件，データセキュリティなどから生じる可能性があります。

以下の例は，企業が創造，保全し，あるいは毀損する価値と，企業自身の成功と目標達成の能力との間に密接な関係があることを示しています［S1.B3］。

【例1】

ある企業のビジネスモデルが水などの天然資源に依存している場合，その企業は，その資源の質，入手可能性および価格に影響を与え，または影響を受ける可能性がある。

具体的には，資源の劣化や枯渇は，当該企業自身の活動やその他の要因によるものを含め，企業の事業を混乱させるリスクを生じさせ，当該企業のビジネスモデルや戦略に影響を与える可能性があり，その結果，企業の財務業績と財務状況に悪影響を及ぼす可能性がある。

対照的に，資源の再生と保全は，企業自身の活動やその他の要因から生じるものも含め，企業にプラスの影響を与える可能性がある。同様に，企業が競争の激しい市場で事業を行い，その戦略的目的を達成するために高度に専門化された労働力を必要とする場合，企業の将来の成功は，その人的資源を引き付け，保持する企業の能力に依存する可能性が高い。同時に，その能力は，従業員の研修や福利厚生に投資しているかどうかといった企業の雇用慣行や，従業員の満足度，エンゲージメント，定着度にも左右される。

また，バリューチェーンに関連して下記のような企業が提供する情報の例が示されています［S1.BC52］。

【例２】

(a)　飲料会社は，特に水が不足している地域において，水の使用に関連するリスクを開示する必要があるかもしれない。企業は，以下の説明を行う可能性がある。

- 会社による水の使用が，事業上のニーズを満たすために利用可能な供給にどのような影響を与えるか
- 会社による水の消費が，同じ水源に依存している企業の操業場所に近い地域社会にどのような影響を与えるか
- 会社の操業場所での水の過剰消費が，風評被害や顧客喪失のリスク，あるいは税金の賦課や資源の使用制限にどのようにつながるか
- これらのリスクがサプライチェーン全体でどのように評価されたか

(b)　衣料品ブランド企業が，製品や包装に資源集約的でない素材を使用するように変更することに伴う機会について説明する。潜在的な影響は，

持続可能な事業慣行に対する企業のコミットメントや，より持続可能な代替品やリサイクルされた代替品に対する消費者の嗜好によってもたらされるかもしれない。また，この機会によって最も影響を受ける可能性のあるバリューチェーンや事業の領域，および機会を評価し監視するためのプロセスを開示することもできる。

(c)　電子機器メーカーが以下のリスクを説明する場合

風評被害やサプライチェーンの混乱など，サプライチェーンにおける人権問題。その際，企業は，自社の方針への影響，リスクを評価・監視するためにとった行動，特定された人権侵害をどのように管理しているかについて説明することができる。

(2)　サステナビリティ関連のリスクと機会の識別

企業は，その見通しに影響を与えると合理的に予想し得るサステナビリティ関連のリスクと機会を識別するにあたり，次のことが求められます［S1.54, B7］。

①　適用される基準がある場合

適用されるIFRSサステナビリティ開示基準（現時点ではIFRS S2のみ）を参照（適用）する必要があります［S1.54］。

②　適用される基準がない場合

産業別のSASB基準(注1)における開示トピック(注2)の適用可能性を考慮しなければなりません。なお，企業はそれらの開示トピックを企業の状況においては適用しないと結論付けることもあります［S1.55(a)］。

(注1)　2022年8月のIFRS財団(IFRS Foundation)と価値報告財団(Value Reporting Foundation)の統合に伴い，ISSBが，SASB(Sustainability Accounting Standards Board）基準に関する責任を現在有しています。SASB基準は，各業界におけるサステナビリティ関連財務情報の開示要求事項を含む77の産業別基準で構成

されており，各SASB基準には，特定の業界におけるサステナビリティ関連のリスクと機会に焦点を当てた開示トピックと，各開示トピックに関連する指標が含まれています。

（注２）　IFRSサステナビリティ開示基準またはSASB基準が定めている，特定の産業における企業の活動に基づく，具体的なサステナビリティ関連のリスクと機会［S1.Appendix A］。

気候変動開示基準委員会（CDSB）フレームワークの「水」や「生物多様性」関連開示の適用ガイダンスや，一般目的財務報告の利用者の情報ニーズを満たすように要求されている他の基準設定機関による最新の公表物，もしくは同じ産業または地理的地域で活動する企業によって識別されたサステナビリティ関連のリスクと機会などを考慮することができます［S1.55(b)］。

S1に付随するガイダンスでは，以下のような設例が挙げられています［S1.IE3-IE4］。

【設例１】

単一事業を営む企業

Ｙ社は，地域旅客航空会社である。将来の見通しに影響を与えると合理的に予想し得るサステナビリティ関連のリスクと機会を特定するため，Ｙ社は，S1の第54項に従い，IFRSサステナビリティ開示基準を参照（適用）することが要求されている。

IFRSサステナビリティ開示基準の適用に加えて，Ｙ社はSASB基準の開示項目を参照し，その適用可能性を検討することが求められる。Ｙ社のビジネスモデルと活動は，航空会社SASB基準に最も近いと結論付けている。

Ｙ社は，S2基準「気候関連開示」を適用し，将来の見通しに影響を与えると合理的に予想し得る気候関連のリスクまたは機会を特定する。また，S1第55項(a)に従い，航空会社SASB基準の開示項目を参照し，その適用可能性を検討している。Ｙ社は，航空会社SASB基準における４つの開示項目すべてが，Ｙ社の活動に適用可能であると結論付けている。

Ｙ社は，航空会社SASB基準における４つの開示項目すべてがＹ社の活動に適用可能であり，これらの開示項目を，Ｙ社の将来の見通しに影響を与えると合理的に予想し得るサステナビリティ関連のリスクと機会の識別に活用している。

企業は，重大な事象や重大な状況の変化が生じた場合（例：供給者が温室効果ガス排出量を著しく変化させる変更を行った場合，企業が事業を買収してバリューチェーンを拡大した場合，または企業のサステナビリティ関連のリスクと機会に対するエクスポージャーの重大な変化があった場合など），バリューチェーン全体を通じて，サステナビリティ関連のリスクと機会の範囲を再評価しなければなりません［S1.B11］。ただし，要求はされないものの，それ以上の頻度での再評価が認められます［S1.B12］。

なお，サステナビリティに関連するリスクと機会であっても，企業の短期，中期，長期にわたる見通しに影響を与えることが合理的に予想し得ないものは，IFRSサステナビリティ開示基準の適用範囲外となります［S1.6］。

2　開示要求事項の識別（Identifying applicable disclosure requirements）

次の開示要求事項の識別のステップと，それを通じて開示される情報の関係は，図表２－３のように要約されます。

特定のテーマ別のIFRSサステナビリティ基準が存在する場合は（現時点ではIFRS S2のみ），この基準の特定の開示要求も適用しなければならないとされています。つまり，ISSBが気候関連以外のサステナビリティ項目についてさらなる基準を公表するまでは，気候関連以外の企業のサステナビリティ関連のリスクと機会の開示は，IFRS S1の全般的要求事項に従い開示要求事項を検討することとなります［S1.B20］。

図表２－３　開示要求事項の識別のステップと開示される情報の関係

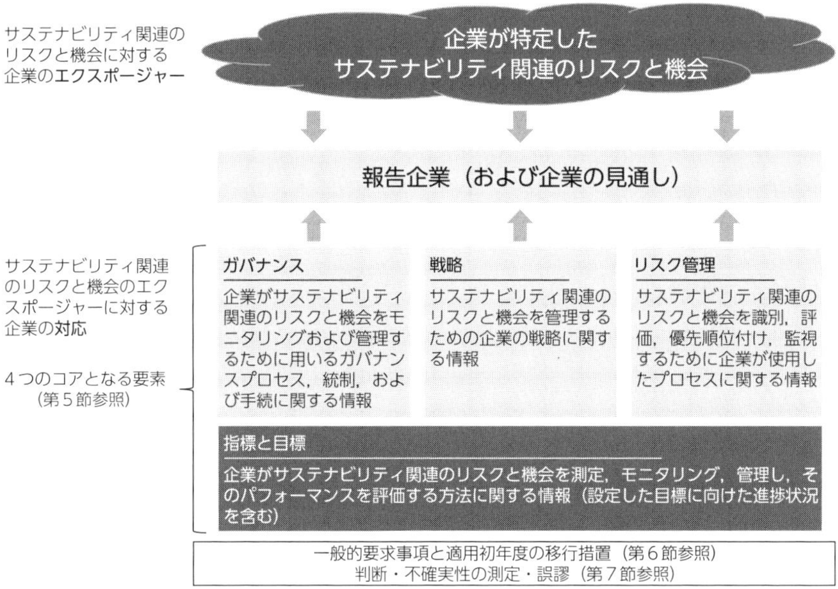

サステナビリティ関連のリスクと機会に対する企業の**エクスポージャー**

企業が特定したサステナビリティ関連のリスクと機会

報告企業（および企業の見通し）

サステナビリティ関連のリスクと機会のエクスポージャーに対する企業の**対応**

４つのコアとなる要素（第５節参照）

ガバナンス
企業がサステナビリティ関連のリスクと機会をモニタリングおよび管理するために用いるガバナンスプロセス，統制，および手続に関する情報

戦略
サステナビリティ関連のリスクと機会を管理するための企業の戦略に関する情報

リスク管理
サステナビリティ関連のリスクと機会を識別，評価，優先順位付け，監視するために企業が使用したプロセスに関する情報

指標と目標
企業がサステナビリティ関連のリスクと機会を測定，モニタリング，管理し，そのパフォーマンスを評価する方法に関する情報（設定した目標に向けた進捗状況を含む）

一般的要求事項と適用初年度の移行措置（第６節参照）
判断・不確実性の測定・誤謬（第７節参照）

（出所）　S1に基づきEY作成

①　適用される基準がある場合

前述した，**1**のリスクと機会の識別のステップの後，企業は，その見通しに影響を与えると合理的に予想し得るサステナビリティ関連のリスクと機会に関する開示要求事項を識別するにあたり，まず最初に，当該サステナビリティ関連のリスクと機会に特に適用されるIFRSサステナビリティ開示基準を参照する必要があります［S1.56］。

②　適用する基準がない場合

関連するIFRSサステナビリティ開示基準がない場合，一般目的財務報告の利用者の意思決定に関連し，かつ，サステナビリティ関連のリスクと機会を忠実に表現する情報を識別するために，企業は判断を用いる必要があります［S1.57, C1］。

具体的には，企業は，以下に規定されているガイダンスの情報源に関する要求事項を適用しなければなりません。これらの情報源は，特定のサステナビリティに関連するリスクまたは機会，特定の業種または特定の状況に関連する可能性のある指標を含む情報を規定しています［S1.B20］。

まず，SASB基準における開示トピックに関連する指標の適用可能性を考慮しなければなりません。なお，企業はそれらの指標を企業の状況においては適用しないと結論付けることもあります［S1.58(a)］。

そして，IFRSサステナビリティ開示基準と矛盾しない範囲で，CDSBフレームワークの適用ガイダンスや，一般目的財務報告の利用者の情報ニーズを満たすように要求されている他の基準設定機関による最新の公表物，もしくは同じ産業または地理上の地域で活動する企業によって開示された情報（指標を含む）を考慮することができます［S1.58(b)］。

さらに，本基準の目的に合致し，かつ，IFRSサステナビリティ開示基準と矛盾しない範囲でGRI基準と欧州サステナビリティ報告基準（ESRS）を参照し，それらの適用可能性を考慮することができますが［S1.58(c), C2］，一方で，本基準の要求事項を適用せずに，これらの情報源を適用する場合，企業は，IFRSサステナビリティ開示基準に準拠していることを明示的かつ無条件に表明してはならないとされています［S1.C3］。GRI基準やESRSに従って作成された報告書を単に再利用することは許されないとされています［S1.BC139］。

IFRS S1に付随するガイダンスでは，以下のような設例が挙げられています［S1.IE5］。

【設例２】（設例１と同じ）Ｙ社の場合

Ｙ社は，サステナビリティ関連リスクと機会に関する情報を開示する際に，IFRSのサステナビリティ開示基準を適用している。例えば，Ｙ社は，IFRS S2を適用して，温室効果ガス排出量に関する情報を開示している。

> Ｙ社が特定したサステナビリティ関連リスクと機会に具体的に適用されるIFRSのサステナビリティ開示基準がない場合，Ｙ社は，航空会社SASB基準の該当する開示トピックに関連する指標を参照し，その適用可能性を検討する。
>
> Ｙ社は，これらの指標を適用することにより，一般目的の財務報告書の利用者の意思決定に関連する情報を提供し，Ｙ社が識別したサステナビリティ関連リスクと機会を忠実に表現することができると結論付けている。
>
> 例えば，「事故と安全管理」の開示トピックに関連する指標は以下のとおりである。
>
> (a)　TR-AL-540a.1-安全管理システムの実施および結果の記述
>
> (b)　TR-AL-540a.2-航空事故件数
>
> (c)　TR-AL-540a.3-政府からの航空安全規則に基づく是正措置件数

なお，企業は，識別したサステナビリティに関連するリスクまたは機会に関する情報が，単独でまたは他の情報と組み合わせて，全体としてみた企業のサステナビリティ関連財務開示の文脈において重要であるかどうかを評価しなければならず，当該情報に重要性があるかどうかを評価する際には，定量的および定性的要因の両方を考慮しなければならない，とされています［S1.B21］。

以上のとおり，上述の２つの各ステップにおいて，SASB基準の参照を必須とし，また，特定された産業種類の識別も求められる［S1.59(b)］など，産業特有の開示を要求している点に特徴があります。

第4節　概念的基礎（CONCEPTUAL FOUNDATIONS）

サステナビリティ関連財務情報が有用な情報であるためには，関連性と忠実な表現が求められます。これらは，有用なサステナビリティ関連財務情報の基本的な質的特性です。また，この情報は比較可能性，検証可能性，適時性，理解可能性を確保することでその有用性が高められるとされています［S1.10］。

なお，IFRS S1には，この質的特性に関するガイダンス付録Dが記載されており，これらの質的特性はIASBの概念フレームワークから採用されたものであり，サステナビリティ関連財務開示と財務諸表の両方が含まれる一般目的財務報告における情報が，利用者にとって有用となることを意図しています［S1.BC64］。

本節では，概念的基礎を構成する，以下の４つの概念について解説します。

1．適正な表示（Fair presentation）
2．重要性（マテリアリティ）（Materiality）
3．報告企業（Reporting Entity）
4．つながりのある情報（Connected information）

1　適正な表示（Fair presentation）

⑴　定　　義

完全な一組のサステナビリティ関連財務情報の開示は，企業の見通しに影響を与えると合理的に予想し得るサステナビリティ関連のすべてのリスクと機会を適正に表現していなければならないとされています［S1.11］。

適正な表示には，企業の見通しに影響を与えると合理的に予想し得るサステナビリティ関連のリスクと機会に関する関連性のある情報の開示と本基準の原則に従った忠実な表現が求められます。忠実な表現を達成するために，企業はサステナビリティ関連のリスクと機会を完全で中立的かつ正確に描写しなければなりません［S1.13］。また，適正な表示となるために「比較可能で，検証可能であり，適時かつ理解可能な情報を開示する」ことが求められます［S1.15(a)］。

(2) 追加情報

追加情報の記載も適正な表示に含まれる［S1.16］，とされており，IFRSサステナビリティ開示基準の具体的に適用される要求事項への準拠が，一般目的の財務報告書の利用者が，企業のキャッシュ・フロー，資金調達へのアクセス，資本コストに及ぼすサステナビリティに関連するリスクと機会の影響を短期，中期，長期にわたって理解するのに不十分な場合には，追加情報を開示しなければならない，とされています［S1.15(b), B26］。

2　重要性（マテリアリティ）（Materiality）

本基準では，企業は，将来の見通しに影響を与えると合理的に予想し得るサステナビリティ関連のリスクと機会に関する重要性がある情報を開示することが要求されており［S1.17］，この「重要性がある」情報とは，開示すべき情報として何が省略できるかという観点から述べられています。

(1) 定　　義

「重要性がある情報」の定義は，IFRS会計基準に適用される「重要性がある」の定義と整合的です。つまり，情報は，その情報を省略したり誤表示したり不明瞭にしたりしたときに，一般目的財務報告の主要な利用者が特定の報告企業の企業報告（財務諸表とサステナビリティ関連財務情報開示を含む）に基づいて行う意思決定に影響を与えることが合理的に予想し得る場合には重要性があるとされています［S1.18］。

他方，サステナビリティ関連財務開示の重要性の判断は，必然的に財務諸表の重要性の判断とは異なるとされています。なぜなら，サステナビリティ関連財務開示と財務諸表は，それぞれ固有の目的を果たし，報告企業に関する異なるタイプの以下の情報を提供するからです［S1.BC69］。

- サステナビリティ関連財務情報開示：企業の見通しに影響を与えると合理的に予想されるサステナビリティ関連リスクと機会に関する情報を提供する
- 財務諸表は企業の資産，負債，資本，収益および費用に関する情報を提供する

また，重要性は，関連性の企業固有の一側面であり，サステナビリティ関連財務開示の文脈において情報が関連する項目の性質または規模（あるいはその両方）に基づいており［S1.14］，本基準では重要性の閾値について明示されていません［S1.B19］。

なお，重要性の判断は，変化した状況と仮定を考慮するために，各報告日に再評価されなければならない点も定められています［S1.B28］。

⑵　重要性がない情報

IFRSサステナビリティ開示基準で要求されていても，その情報が重要でない場合は開示する必要はありません（法律や規則により要求される場合を除く。第6節1⑴参照）［S1.B25］。

その他，ISSBは投資者にとって重要性のあるものに基づいて基準の範囲を設定しているため，より広範なステークホルダーのニーズを満たすように設計された他の開示フレームワーク（例：GRI基準やESRS）の下では重要性があると考えられる情報の一部が，IFRSサステナビリティ開示基準の下では重要性がない可能性があります。

3　報告企業（Reporting Entity）

サステナビリティ関連財務情報の報告企業は，関連する財務諸表と同一でな

ければならないとされています［S1.20］。すなわち，連結財務諸表に含まれる親会社と子会社が開示対象に含まれます［S1.B38］。

しかし，その他のIFRSサステナビリティ開示基準において，上述の範囲を超えて関連会社，ジョイント・ベンチャーおよびその他の投資ならびにバリューチェーンなどに関するサステナビリティ関連のリスクと機会の測定または開示要求が定められる場合があります［S1.BC55］。

例えば，IFRS S2では，関連会社およびジョイント・ベンチャー等のスコープ１・２やバリューチェーンのスコープ３の温室効果ガス排出量に関する要求事項を定めています。

これは，関連会社やジョイント・ベンチャーの投資に関連するサステナビリティ関連財務情報は，一般目的財務報告の利用者にとって企業の短期，中期，長期にわたるキャッシュ・フロー，資金調達へのアクセス，資本コストに及ぼすサステナビリティ関連のリスクと機会の影響を評価するうえで関連性があるためとされています［S1.BC54］。

4　つながりのある情報（Connected information）

⑴　つながりのある情報

企業の一般目的財務諸表とそのサステナビリティ関連財務情報開示は一体となって，企業の一般目的財務報告の一部を構成します。一般目的財務報告の主要な利用者（現在および潜在的な投資家，融資者，その他の債権者）は，この情報を使用して，企業への資源の提供に関する意思決定を行います。

このため，企業は，①サステナビリティ関連財務情報開示が関連してくる財務諸表を特定し［S1.22］，②以下のような情報項目間の関係を記述して利用者がこれらの項目間のつながりを理解できるようにする必要があります［S1.21，B39］。

図表２-４ つながりのある情報

企業の見通しに影響を与えると合理的に予想し得るさまざまなサステナビリティ関連のリスクおよび機会の間のつながり		サステナビリティ関連財務情報開示におけるこれらのリスクおよび機会に関する企業が提供した開示の間のつながり（例：ガバナンス，戦略，リスク管理，指標および目標に関する開示間のつながり）

サステナビリティ関連財務開示を通じてこれらのリスクおよび機会に関して企業が提供した情報と，企業が提供したその他の一般目的財務報告（例：関連する財務諸表における情報）とのつながり

（出所） S1.21に基づきEY作成

それによって，情報が関連する項目間の以下のようなつながりを洞察することができます［S1.B40］。

(a) 企業が特定のサステナビリティ関連の機会を追求し，その結果，企業の収益が増加した場合，つながりのある情報は企業の戦略と財務業績との関係を描写する。
(b) 企業が自社がさらされている２つのサステナビリティ関連リスクの間のトレードオフを識別し，そのトレードオフの評価に基づいて行動をとった場合，つながりのある情報は，それらのリスクと企業の戦略との関係を描写する。
(c) 企業が特定のサステナビリティ関連の目標にコミットしているが，適用される認識基準が満たされていないために，当該コミットメントが企業の財政状態や財務業績にまだ影響を及ぼしていない場合，つながりのある情報はそれらの関係を描写する。

また，開示の間につながりを持たせるには，必要な説明や相互参照を行い，一貫性のあるデータ，仮定，測定単位を使用することが含まれますが，これらに限定されません［S1.B42］。

つながりのある情報を提供するに際して，企業は，以下の(a)から(c)までを行わなければなりません。

> (a)　開示間のつながりを明確かつ簡潔に説明する
> (b)　IFRSサステナビリティ開示基準が共通の情報項目の開示を要求している場合，不必要な重複を避ける
> (c)　企業のサステナビリティ関連財務開示の作成に使用したデータおよび仮定と，関連する財務諸表の作成に使用したデータおよび仮定との間の重大な差異に関する情報を開示しなければならない

また，つながりのある情報を提供する際に，企業は，以下を説明しなければならない場合があります［S1.B43］。

> • 戦略が財務諸表や財務計画に与える影響やその可能性
> • 戦略が，目標に対する進捗を測定するために企業が使用する指標とどのように関連しているか
> • 天然資源の利用やサプライチェーンの変化が，サステナビリティに関連するリスクや機会をどのように増大させるか，あるいは逆に減少させるか

さらに，企業は，以下の情報を結び付けなければならない場合があります。

> • 天然資源の利用やサプライチェーン内の変化に関する情報と，企業の生産コストへの現在または予想される財務的影響，それらのリスクを軽減するための戦略的対応，および関連する新たな資産への投資に関する情報
> • 説明的な情報と，関連する指標や目標，関連する財務諸表の情報

① つながりのある情報の例

つながりのある情報には，以下のつながりも含まれるとされています［S1.B41］。

> (a) 特定のサステナビリティ関連リスクや機会に関するさまざまな種類の情報間のつながり
>
> (i) ガバナンス，戦略，リスク管理に関する開示間のつながり
>
> (ii) 説明的な情報と定量的な情報（関連する指標や目標，関連する財務諸表の情報を含む）とのつながり
>
> (b) さまざまなサステナビリティ関連リスクと機会に関する開示間のつながり
>
> 例えば，企業がサステナビリティ関連リスクと機会の監督を統合している場合，企業は，サステナビリティ関連リスクと機会ごとにガバナンスに関する開示を個別に行うのではなく，ガバナンスに関する開示を統合しなければならない。

また，つながりのある情報として以下の例も紹介されています［S1.B44］。

(a) 企業のサステナビリティ関連のリスクと機会，およびその戦略が，短期，中期，長期にわたって企業の財政状態，財務業績，キャッシュ・フローに及ぼす複合的な影響についての説明

> (例) ある企業が，消費者の低炭素代替品への選好により，製品に対する需要の減少に直面するかもしれない。企業は，主要工場の閉鎖などの戦略的対応が，従業員の労働力や地域社会にどのような影響を与えるか，また閉鎖が資産の耐用年数や減損評価にどのような影響を与えるかを説明する必要があるかもしれない。

(b) サステナビリティに関連するリスクと機会に対応する戦略を設定する際に，企業が評価した代替案の説明（企業が検討したリスクと機会の間のト

レードオフの説明を含む）（S1.33(c)，第５節**2**(4)参照）

> （例）　企業は，サステナビリティに関連するリスクに対応する事業再編の決定が，従業員の労働力の将来の規模および構成に及ぼす潜在的な影響について説明する必要があるかもしれない。

さらに，IFRS S1が引き出そうとしているつながりの例として，以下も挙げられています［S1.BC88］。

> (a)　製薬会社
>
> 非倫理的な試験というクレームにさらされた。企業は，その戦略的対応が，財務諸表における引当金および関連する営業費用の認識にどのようにつながったか，あるいはつながらなかったかを説明する必要があるかもしれない。
>
> (b)　電子機器メーカー
>
> 主に製造工程で発生する企業の温室効果ガス排出量をネットゼロにするという目標を公表した。それに伴い，その企業は，エネルギー調達を再生可能資源にシフトし，よりエネルギー効率の高い機械に投資するという新たな戦略を採用した。
>
> 企業は，目標を達成するためのこの戦略が，資本的支出の増加や，場合によってはエネルギー効率の悪い機械の減損の見直しにどのようにつながったか，また，エネルギー価格の低下（および変動の減少），関連する顧客からの需要の増加による収益の増加，および売上高利益率の増加にどのようにつながったかについて説明する必要があるかもしれない。
>
> (c)　サプライヤー
>
> その商品の需要が，その労働者の待遇および労働者の権利の尊重に関する実績，特にこの分野におけるそのアプローチが多くの同業他社よりも優れていたことに起因して増加していることに気付いた場合，企業は，労働者の待遇に関する戦略と実績が，どのように企業を有利に位置付け，収益

の増加につながったかを説明する必要があるかもしれない。

(d) 企業

ある企業が，ディーゼル車を電気自動車に置き換えることを前提とした，温室効果ガス排出量ネットゼロ計画を有している。電気自動車への移行には，ディーゼル車に必要だった資本投資よりもはるかに多くの資本投資が必要となる。移行計画では，各車両はその経済的耐用年数が終了した時点で交換することになっている。企業は，車両は減損しておらず，減価償却率や耐用年数の見積りの変更を財務諸表に反映させる必要はないと結論付けている。企業は，移行計画が将来のキャッシュ・フローに影響を与えること，および財務諸表に反映される会計処理が移行計画と整合していることを説明する必要があるかもしれない。

(2) 財務データおよび仮定

サステナビリティ関連財務開示で使用された財務データと仮定は，財務諸表の作成に適用される会計基準の要求事項を考慮したうえで，企業の財務諸表を作成する際に使用された対応する財務データと仮定と，可能な限り整合的でなければならず［S1.23］，両者の重大な差異に関する情報を開示しなければならないとされています［S1.B42(c)］。

(3) 表示通貨

サステナビリティ関連財務開示において，通貨が測定単位として指定されている場合，企業は関連する財務諸表の表示通貨を使用しなければなりません［S1.24］。

第５節　コアとなる要素（CORE CONTENT）

IFRSサステナビリティ開示基準が他の開示を認めるまたは要求する場合を除き，以下に記述している４つのコアとなる要素（ガバナンス，戦略，リスク管理，指標と目標）について開示することが求められます［S1.25］。それらの要求事項は，図表２－５に要約されているように，気候関連の財務情報開示に関するタスクフォース（TCFD）提言における４つの柱に基づいています。

図表２－５　コアとなる要素

ガバナンス	戦略
企業がサステナビリティ関連のリスクおよび機会をモニタリングおよび管理するために用いるガバナンスのプロセス，統制および手続に関する情報。	サステナビリティ関連のリスクおよび機会を管理するための企業の戦略に関する情報。
リスク管理	**指標と目標**
サステナビリティ関連のリスクおよび機会がどのように識別，評価および管理されているか，また，それらのプロセスが総合的なリスク管理フレームワークに組み込まれているかどうか，またどのように組み込まれているかについての情報。	企業がサステナビリティ関連のリスクおよび機会をどのように測定，モニタリングおよび管理しているか，また，設定した目標に対する進捗を含め，そのパフォーマンスをどのように評価しているかについての情報。

（出所）　S1.25および関連パラグラフに基づきEY作成

以下，４つの各要素について，本基準の要求事項を詳述します。

1　ガバナンス

(1)　開示の目的

一般目的財務報告の利用者が，企業がサステナビリティ関連のリスクと機会をモニタリングおよび管理するために用いるガバナンスのプロセス，統制および手続に関して理解できるよう，具体的には，以下に関する各種情報を開示することが求められます［S1.26, 27］。

(a)　サステナビリティ関連のリスクと機会に対する監督に責任を持つガバナンス組織または個人（(2)参照）
(b)　それらのプロセスにおける経営者の役割（(3)参照）

上記の要求事項にはTCFD提言からの追加要件が含まれています。例えば，IFRS S1は，サステナビリティ関連リスクと機会に対するガバナンス機関または個人の責任が，付託事項，権限，職務記述（ロールディスクリプション），その他の関連する方針の観点で，どのように反映されているかを開示することを企業に求めています［S1.BC97］。

(2)　ガバナンス組織または個人

企業は，サステナビリティ関連のリスクと機会に対する監督に責任を持つガバナンス組織（ガバナンスに責任を持つ取締役会などのボード，委員会または同等の機関を含む）または個人を特定し，かつ，以下の情報を開示することが求められます［S1.27(a)］。

(i)　サステナビリティ関連のリスクと機会に対する責任がどのように反映されているか（その機関または個人に適用される付託事項，権限，職務記述（ロールディスクリプション），およびその他の関連する方針の観点から）

(ii)　サステナビリティ関連のリスクと機会に対応するために設計された戦略を監督するために，適切なスキルとコンピテンシーが利用可能かどうか，または開発されるかどうかを組織または個人がどのように決定するか
(iii)　組織または個人がサステナビリティ関連のリスクと機会についてどのように，かつ，どの程度の頻度で通知されるか。
(iv)　企業の戦略，主要な取引に関する決定，リスク管理プロセス，および関連するポリシーを監督する際に，組織または個人がサステナビリティ関連のリスクと機会をどのように考慮するか（組織または個人がそれらのリスクと機会に関連するトレードオフを検討したかを含む）
(v)　組織または個人が，サステナビリティ関連のリスクと機会に関連する目標の設定をどのように監督し，それらの目標に対する進捗状況を評価（本節４を参照）しているか（関連する業績指標が報酬方針に含まれているか，またはどのように含まれているかを含む）

(3)　経営者の役割

サステナビリティ関連のリスクと機会を評価，管理，監督するために使用されるガバナンスプロセス，統制，および手続における経営者の役割を，以下の情報も含めて開示することが求められます［S1.27(b)］。

(i)　役割が，特定の経営者レベルの役職または経営者レベルの委員会に移譲されているかどうか，およびその役職または委員会に対して監督がどのように行使されているか。
(ii)　経営者がサステナビリティ関連のリスクと機会の監督をサポートするために統制や手続を用いているかどうか，もしそうなら，これらの統制と手続が他の内部機能とどのように統合されているか。

2 戦　　略

(1) 開示の目的

一般目的財務報告の利用者が，サステナビリティ関連のリスクと機会を管理するための企業の戦略を理解できるようにするために［S1.28］，具体的に以下の事項を開示しなければなりません［S1.29］。

(a) 企業の見通しに影響を及ぼすと合理的に予想し得るサステナビリティ関連のリスクと機会（(2)参照）
(b) それらのサステナビリティ関連のリスクと機会が，企業のビジネスモデルとバリューチェーンに及ぼす現在および予想される影響（(3)参照）
(c) サステナビリティ関連のリスクと機会が，企業の戦略と意思決定に及ぼす影響（(4)参照）
(d) サステナビリティ関連のリスクと機会が，現在と将来に及ぼす財務的影響（(5)参照）
(e) サステナビリティ関連のリスクに対する企業の戦略とビジネスモデルのレジリエンス（(6)参照）

(2) 企業の見通しに影響を及ぼすと合理的に予想し得るサステナビリティ関連のリスクと機会

企業の見通しに影響を及ぼすと合理的に予想し得るサステナビリティ関連のリスクと機会を記述し，サステナビリティ関連のリスクと機会の効果が発生することが合理的に予想し得る時間軸（短期，中期，長期）を特定し，さらに，「短期」，「中期」および「長期」をどのように定義付けたか，それらの定義が，戦略の意思決定のために企業に用いられている計画の時間軸にどのように結び付いているかの説明が求められています［S1.30］。

これは，短期，中期，長期の時間軸は企業によって異なり，多くの要因に依存するため［S1.31］，本基準では具体的な定義について明示されていないことによります。

⑶　ビジネスモデルとバリューチェーンに及ぼす現在および予想される影響

サステナビリティ関連のリスクと機会が自社のビジネスモデルとバリューチェーンに及ぼす現在の影響と，予想される今後の影響を理解するための情報として，リスクと機会がビジネスモデルとバリューチェーンに及ぼす影響，およびリスクと機会がどこに集中しているか（例：地理上の地域，施設，資産の種類）について開示しなければなりません［S1.32］。

⑷　戦略と意思決定に及ぼす影響

戦略や意思決定において，企業がサステナビリティ関連のリスクと機会にどのように対処してきたか，そして対処しようとしているかの開示が求められます。また，定量的・定性的情報を含む，過去に開示された計画の進捗状況，およびサステナビリティ関連のリスクと機会の間のトレードオフ（例：新規事業のための立地に関する意思決定を行う際，その事業が環境に与える影響と，地域社会において創出する雇用機会との間のトレードオフ）をどのように考慮したかについて開示しなければなりません［S1.33］。

⑸　現在と将来に及ぼす財務的影響

一般目的財務報告の利用者が，以下の事項を理解できるようにするための開示が本基準では求められています［S1.34］。

(i)　現在の財務的影響として：サステナビリティ関連のリスクと機会が報告期間の財政状態，財務業績およびキャッシュ・フローに与えている影響

(ii)　将来に及ぼす財務的影響として：短期，中期および長期にわたってサステナビリティ関連のリスクと機会が企業の財政状態，財務業績および

キャッシュ・フローに与えると予想される影響（サステナビリティ関連のリスクと機会が企業の財務計画にどのように組み込まれているかを含む）

① 定量的・定性的情報の開示

具体的には，以下の(a)から(d)までの定量的・定性的情報の開示が求められます［S1.35］。また，定量的情報を提供する場合，企業は単一の金額または範囲を開示することができます［S1.36］。

(a) サステナビリティ関連のリスクと機会が，報告期間の財政状態，財務業績およびキャッシュ・フローにどのような影響を与えたか
(b) (a)で識別されたサステナビリティ関連のリスクと機会のうち，関連する財務諸表に計上されている資産および負債の帳簿価額について，次の年次報告期間内に重要性のある修正が行われるリスクが重大なもの
(c) サステナビリティ関連のリスクと機会を管理するための戦略を踏まえ，企業が短期，中期および長期的に財政状態がどのように変化すると予想しているか（以下の(i)および(ii)を考慮したうえで）
　(i) 企業が契約上コミットしていない計画を含む，投資および処分計画（例：資本的支出，主要な買収および売却，ジョイント・ベンチャー，事業転換，イノベーション，新規事業分野，資産の除却に関する計画）
　(ii) 戦略を実行するために計画されている資金源
(d) サステナビリティ関連のリスクと機会を管理するための戦略を踏まえ，短期，中期，長期にわたって，企業の財務業績とキャッシュ・フローがどのように変化すると予想しているか

② プロポーショナリティ（企業の成熟度に比例した規定）の原則

サステナビリティ関連のリスクと機会の予想される財務的影響の開示を作成

するにあたって，企業は，以下の両方の対応が求められます［S1.37］（第６節６で，当原則について詳述）。

(a)　報告日現在において過大なコストや労力をかけずに利用可能な，合理的で裏付け可能な情報を使用しなければならない (b)　開示を行うにあたって，利用可能なスキル，能力およびリソースに見合ったアプローチを使用しなければならない

③　定量的情報の開示が不要となる場合

下記のいずれかの場合には定量的情報を提供する必要はありません［S1.38］。

(a)　サステナビリティ関連のリスクと機会が当期と将来に及ぼす財務的影響を，区分して識別できない場合 (b)　上記の影響を見積る際に伴う測定の不確実性のレベルが非常に高く，結果として得られる定量的情報が有用でないと判断される場合（第７節２参照）

また，将来に及ぼす財務的影響（当期は対象外）に関する定量的情報を提供するためのスキル，能力およびリソースを有さない場合には，企業は定量的情報を提供する必要はない（定性的情報で足りる），とされています［S1.39］。

上記を適用して，企業が定量的情報を提供する必要がないと判断した場合には，所定の開示（理由の説明，および，定性的情報の提供，ならびにサステナビリティ関連のリスクまたは機会とその他の要因との複合的な財務的影響に関する定量的情報の提供等）が求められます［S1.40］。

(6)　戦略とビジネスモデルのレジリエンス

企業は，一般目的財務報告の利用者が，企業のサステナビリティ関連のリスクから生じる不確実性に適応する能力を理解できるような情報として，サステナビリティ関連のリスクに係る戦略やビジネスモデルのレジリエンスの評価に関する定性的情報を，どのように評価が実行されてきたのか，および，時間軸の情報も含めて開示しなければなりません。また，該当する場合には，定量的情報の開示も求められ，定量的な情報を提供する場合，企業は単一の金額または金額の範囲を開示することができます［S1.41］。

また，その他のIFRSサステナビリティ開示基準では，企業が特定のサステナビリティ関連リスクに対するレジリエンスについて開示しなければならない情報の種類や，シナリオ分析が必要かどうかを含め，それらの開示の作成方法について規定している場合があります［S1.42］。

なお，このレジリエンスに関する要求事項と上述(5)のサステナビリティ関連のリスクと機会が，現在と将来に及ぼす財務的影響の要求事項とは別個のものであり，異なる情報ニーズに応えることを意図しているとされているため，各要求事項は独立して適用することができます。企業は，サステナビリティ関連のリスクと機会の予想される財務上の影響を決定するために，レジリエンス評価を実施する必要はありません。しかし，企業がレジリエンス評価を実施する場合，その評価は，サステナビリティ関連リスクと機会の予想される財務上の影響を決定するうえで有用かつ関連性があると考えられています［S1.BC113］。

3　リスク管理

(1)　開示の目的

一般目的財務報告の利用者が，以下の両方を達成できるよう，リスク管理に関する開示が必要とされています［S1.43］。

(a)　企業がリスク管理の目的でサステナビリティ関連のリスクと機会を識別，評価，優先順位付け，モニタリングするために使用しているプロセスと，それらのプロセスが企業の総合的なリスク管理プロセスにどの程度組み込まれているか，またどのように組み込まれているかを理解する

(b)　全体的なリスクプロファイルおよびリスク管理プロセスを評価する

なお，TCFD提言がリスクに関連するプロセスのみに焦点を当てているのに対して，S1基準は機会を含めて開示範囲を拡大しています［S1. BC115］。

(2)　開示の内容

具体的に，本基準では以下の(a)から(c)までの開示が求められています［S1.44］。

(a)　サステナビリティ関連のリスクを識別，評価，優先順位付け，モニタリングするために用いているプロセスと関連する方針。以下の情報が含まれる。

(i)　使用するインプットとパラメータ（例：データソース，当該プロセスの対象となる事業の範囲）

(ii)　企業がサステナビリティ関連のリスクの識別を伝達するために，シナリオ分析を用いたのか，およびどのように用いたのか

(iii)　これらのリスクの性質，発生可能性および影響の程度をどのように評価しているのか（例：評価に使用した定性的要素，定量的な閾値，その他の規準）

(iv)　他の種類のリスクとの比較の中でサステナビリティ関連リスクを優先順位付けする方法

(v)　企業がどのようにサステナビリティ関連のリスクをモニタリングしているか

(vi)　過年度と比較して使用するプロセスを変更したか，およびどのように変更したか

(b)　サステナビリティ関連の機会を識別，評価，優先順位付け，モニタリングするために企業が使用するプロセス

(c) サステナビリティ関連のリスクと機会を識別，評価，優先順位付け，モニタリングするプロセスが企業の全体的なリスク管理プロセスに統合および伝達されている程度，ならびにどのように統合および伝達されているか

4　指標と目標

(1)　開示の目的

企業がサステナビリティ関連のリスクと機会を測定するための指標や目標を開示することで，一般目的財務報告の利用者は，企業が設定した，または法規制によって達成することが義務付けられている目標に対する進捗を含む，企業のサステナビリティ関連のリスクと機会に関連するパフォーマンスを理解することができます［S1.45］。

(2)　開示の内容（指標）

具体的には，将来の見通しに影響を与えると合理的に予想し得る個別のサステナビリティ関連のリスクと機会ごとに，以下の(a)(b)両方の開示が求められています［S1.46］。

(a) 適用されるIFRSサステナビリティ開示基準で要求される指標
- なお，適用される具体的な基準がない場合，適用可能な指標を特定するためにIFRS S1.57,58を適用しなければならない［S1.47］（第3節**2**を参照）
- このケースでは，基準以外の情報源から入手した指標を開示する場合，企業はその情報源と入手した指標を特定しなければならない［S1.49］

(b) 企業が以下の双方を測定し，モニタリングするために使用している指標

- 企業のサステナビリティ関連のリスクと機会
- それらのリスクと機会に関連するパフォーマンス（企業が設定した，または法規制によって達成することが義務付けられている目標に対する進捗を含む）

また，開示される指標には，特定のビジネスモデルや活動，ある産業への参画を特徴付けるその他共通の特徴に関連する指標が含まれていなければならないとされています［S1.48］。

①　企業によって開発された指標

企業が評価指標を開発した場合，企業は以下の(a)から(d)までの情報を開示することが求められます［S1.50］。

(a)　IFRSサステナビリティ開示基準以外の情報源から入手した指標を調整することによって導き出されたものであるかどうか，また，そうである場合には，どの情報源か，また，企業が開示する指標が，その情報源で規定されている指標とどのように異なるかを含め，指標がどのように定義されているか
(b)　その指標が，絶対的な指標であるか，他の指標との関係で表される指標であるか，または定性的な指標（信号色である，赤，琥珀（黄），緑を用いてステータスを三段階で表現する手法）であるか
(c)　指標が第三者によって検証されているかどうか，検証されている場合はどの第三者か
(d)　指標の計算に使用した方法と，使用した方法の限界と重大な仮定を含む計算へのインプット

(3)　開示の内容（目標）

企業戦略の最終目標の達成に向けた進捗状況を評価するために設定された目

標や，法規制によって達成することが義務付けられている目標に関する情報も開示しなければなりません。具体的には以下の(a)から(g)までの開示が求められています［S1.51］。

(a) 目標を設定し，目標の達成に向けた進捗状況を評価するために使用した指標
(b) 企業が設定または達成が求められる特定の定性的または定量的な目標
(c) 目標が適用される期間
(d) 進捗状況を測定するための基準となる期間
(e) マイルストーンや中間目標
(f) 各目標に対するパフォーマンスと，企業のパフォーマンスにおけるトレンドと変化の分析
(g) 目標の変更および当該変更に関する説明

(4) その他の要求事項

指標（企業が，目標を設定し，目標の達成に向けた進捗状況を評価するために使用したものも含む）の定義と計算は，時間の経過とともに首尾一貫していなければなりませんが，指標を再定義または置き換える場合は，所定の開示が必要となります（詳細は第6節**3**を参照）［S1.52］。

また，企業は，意味のある，明確かつ正確な名称と説明を用いて，指標と目標を表示し，定義しなければなりません［S1.53］。

第６節　一般的要求事項と適用初年度の移行措置（TRANSITION）

1　開示箇所（Location of disclosures）

(1)　一般目的財務報告

IFRSサステナビリティ開示基準によって要求される情報は，一般目的財務報告の一部として開示することが求められています［S1.60］。

実際，一般目的財務報告の中のどこで開示するかについては，企業に適用される規制や要求事項に従うため，さまざまな箇所になるとされています。また，経営者の説明または類似の報告が企業の一般目的財務報告の一部を構成する場合には，サステナビリティ関連の財務開示を企業の経営者の説明または類似の報告に含めることができるとされています［S1.61］。

また，法律や規則により，企業が一般目的財務報告でサステナビリティ関連情報を開示することが要求される場合があります。このような場合，企業は，たとえその情報に重要性がないとしても，法律または規制の要求事項を満たすために，サステナビリティ関連財務情報を開示に含めることが認められます。ただし，そのような情報は，重要性のある情報を不明瞭にしてはならない（下記(3)も参照），とされています［S1.B31］。

(2)　その他の開示箇所

IFRSサステナビリティ開示基準によって要求される情報を，その他の要求事項を満たすために開示する情報（例：規制当局が要求する情報）と同じ場所に開示することもできます。ただし，サステナビリティ関連財務開示が明瞭に識別可能であり，かつ，追加的な情報によって不明瞭にならないこと（下記(3)も参照）が条件となっています［S1.62］。

⑶ 重要性がある情報が不明瞭となる場合

重要性がある情報が不明瞭になるような状況の例としては，以下のようなものが挙げられています［S1.B27］。

(a) 重要性がある情報が，重要性のない追加的な情報と明確に区別されていない
(b) サステナビリティ関連財務開示において，重要性がある情報が開示されているが，使用されている文言が曖昧または不明確
(c) サステナビリティ関連のリスクまたは機会に関する重要性がある情報が，サステナビリティ関連財務開示の中に散在している
(d) 異なる項目の情報が不適切に集約されている（下記①を参照）
(e) 類似項目の情報が不適切に細分化されている（下記①を参照）
(f) 主要な利用者が，どの情報に重要性があるかを判断できない程度に，重要性のある情報が重要性がない情報に覆い隠されている結果，サステナビリティ関連財務開示の理解可能性が低下している

① 集約と細分化

企業は，IFRSサステナビリティ開示基準を適用する際，すべての事実と状況を考慮し，サステナビリティ関連財務開示における情報の集約と細分化の方法を決定しなければなりません［S1.B29］。また，企業は，重要性がある情報を重要性のない情報で不明瞭にしたり，互いに異なる重要性がある項目を集約することにより，サステナビリティに関連する財務開示の理解可能性を低下させてはならず［S1.B29］，これらの集約と細分化の原則は，IAS第1号を基礎としています［S1.BC75］。

情報を集約することで重要性がある情報が不明瞭になる場合は，企業は情報を集約してはいけません。また，情報の項目が共通の特性を持つ場合には情報を集約しなければならず，情報の項目が共通の特性を持たない場合には情報を

集約してはいけません［S1.B30前段］。

企業は，サステナビリティに関連するリスクと機会に関する情報を，例えば，地理的な場所ごとに，または地政学的環境を考慮して，細分化することが必要とされる場合があります［S1.B30後段］。

（例）　重要性がある情報が不明瞭にならないようにするため，企業は，豊富な水源から汲み上げた水と水不足地域から汲み上げた水を区別するため，水の使用に関する情報を細分化する必要があるかもしれない。

(4)　相互参照

IFRSサステナビリティ開示基準で要求される情報は，相互参照される情報が同じ条件かつ同時に利用可能であること，かつ，相互参照で情報を含めることによって完全な一組のサステナビリティ関連財務開示の理解可能性が低下しないことを条件に，相互参照により企業のサステナビリティ関連財務開示に含めることもできます［S1.63, B45］。

また，相互参照によって含まれる情報は，完全な一組のサステナビリティ関連財務開示の一部となり，IFRSサステナビリティ開示基準の要求事項に準拠しなければなりません（例：第４節冒頭参照。関連性，忠実な表現，比較可能性，検証可能性，適時性，理解可能性があることが求められる）。一般目的財務報告書を承認する機関または個人は，相互参照により含まれる情報についても，情報が直接含まれた場合と同様の責任を負います［S1.B46］。

IFRSサステナビリティ開示基準で要求される情報が相互参照により含まれる場合，以下の事項の両方が要求されます［S1.B47］。

(a)　サステナビリティ関連財務開示は，当該情報が掲載されている報告書を明確に特定し，当該報告書へのアクセス方法を説明しなければならない

(b)　相互参照は，当該報告書の正確に特定された部分に対するものでなけ

れぱならない

2　報告の時期（Timing of reporting）

⑴　報告の時期

企業は，サステナビリティ関連財務開示を関連する財務諸表と同時に報告し，サステナビリティ関連財務開示は関連する財務諸表と同じ報告期間になります（ただし，経過的な救済措置あり。「5　適用時期と適用初年度の経過的な救済措置」参照）［S1.64］。

⑵　報告期間の長さ

通常，企業は12か月間のサステナビリティ関連財務開示を作成しますが，実務上の理由から，例えば52週で報告することを選好する企業もあることから，本基準はそのような実務を排除するものではない，としています［S1.65］。

また，企業が報告期間の末日を変更し，12か月より長いまたは短い期間のサステナビリティ関連財務開示を行う場合には，以下の⒜から⒞までを開示しなければならないとされています［S1.66］。

⒜　サステナビリティに関連する財務情報開示の対象期間
⒝　長期または短期の期間を用いる理由
⒞　サステナビリティに関連する財務情報開示で開示される金額が，（当期と比較年度で）完全に比較可能ではないこと

⑶　後発事象

報告期間の末日後であって，サステナビリティ関連財務開示の公表が承認される日までに，企業が報告期間の末日に存在していた状況に関する情報を入手した場合には，企業は，新たな情報に照らして，当該状況に関連する開示を更

新しなければならないとされています［S1.67］。

また，企業は，報告期間の末日後であって，サステナビリティ関連財務開示の公表が承認される日までに発生した取引，その他の事象および状況に関する情報の非開示が，一般目的財務報告の主たる利用者がその報告書に基づいて行う意思決定に影響を及ぼすと合理的に予想される場合にも，当該情報の開示が求められます［S1.68］。

(4)　期中報告

本基準では，サステナビリティ関連の期中財務情報の報告をどのような企業に義務付けるか，報告の頻度，または期中報告期間終了後どの程度の期間で報告することを義務付けるかを定めていません。しかし，政府・証券規制当局・証券取引所・会計基準設定主体が，債券や株式が公開で取引されている企業に対して期中一般財務報告の発行を求める場合があります［S1.69］。

企業が期中サステナビリティ関連財務開示をIFRSサステナビリティ開示基準に準拠して発行することが求められる，または，選択した場合に関連して，以下の内容のガイダンスが提供されています［S1.B48］。

- 適時性とコストを考慮し，以前に報告された情報の繰り返しを回避するために，企業は，年次のサステナビリティ関連財務開示よりも少ない情報を開示することが求められる，または選択する可能性がある
- 期中サステナビリティ関連財務開示は，サステナビリティ関連財務情報の直近の完全な一組の年次開示の更新を提供することを意図している
- これらの開示は，新しい情報，事象，状況に焦点を当てており，以前に報告された情報とは重複しない
- 期中サステナビリティ関連財務開示で提供される情報は，年次サステナビリティ関連財務開示と比較してより要約されたものとなり得るが，企業が，本基準で特定されている完全な一組のサステナビリティ関連財務開示を期中一般目的財務報告の一部として発行することを禁止されたり，

阻まれるものではない

3　比較情報（Comparative information）

⑴　比較情報

IFRSサステナビリティ開示基準が他の開示を認めるまたは要求する場合を除き，企業は，報告期間において開示されたすべての金額に関する前期の比較情報を開示しなければなりません（ただし，適用初年度の経過的な救済措置がある。「5　適用時期と適用初年度の経過的な救済措置」参照）［S1.70, B49］。これは，IAS第1号第38項の要求事項に準拠しています［S1.BC147］。サステナビリティ関連財務開示で報告されている金額は，例えば，指標と目標またはサステナビリティ関連のリスクと機会の現在のおよび予想される財務的影響に関連している可能性があります［S1.71］。

また，報告期間のサステナビリティ関連財務開示の理解にあたり有用である場合は，説明的および記述的なサステナビリティ関連財務情報に関する比較情報の開示も求められます［S1.70］。

⑵　比較年度の指標の見直し

比較年度の指標の見直しに関しては，本基準では具体的に以下の①の⒜から⒞までの開示が求められており［S1.B50］，IFRS会計基準で確立された財務諸表における会計上の見積りの変更に対するアプローチとは異なるものとなっています［S1.BC150］。

企業は指標について開示された見積額を修正することは求められますが，説明的および記述的な開示には見直しは要求されていない，とされています［S1.BC152］。

①　指標として開示した金額が見積りベースの場合

企業が過去の期間に開示した見積りに基づく金額に関して新たな情報を認識し，かつ，当該新たな情報が，過去の期間に存在していた状況に関する証拠を提供する場合，以下が必要となります［S1.B50］。

(a)　新たな情報を反映した見直し後の比較年度の金額の開示
(b)　過去の期間と見直し後の金額との違いの開示
(c)　比較年度の金額を見直した理由の説明

ただし，以下の(i)または(ii)の場合には，見直し後の比較年度の金額の開示は不要となります［S1.B51］。

(i)　実務上不可能な場合

IAS第１号の定義に基づいて，「企業が適用するためにあらゆる合理的な努力を行っても適用できない場合」，と考えられており［S1.BC152］，例として，「新しい指標の定義を遡及適用できるような方法で過年度のデータが収集されていないため，データを再構築することが実務上不可能」な場合が挙げられている。比較年度の金額の見直しが不可能な場合は，当該事実の開示が求められる［S1.B54］。

(ii)　指標が将来予測的である場合（起こり得る将来の取引，事象およびその他の条件に関連している）

なお，企業は，将来予測的な指標の比較年度の金額を見直すことも認められるものの，その場合は後知恵を利用しないことが前提となっている。

②　報告期間において指標を再定義または置き換える場合［S1.B52］

以下の，(a)から(c)までが求められます。

(a)　見直し後の比較年度の金額の開示（実務上不可能な場合を除く）

(b) 変更の説明
(c) 変更理由の説明（なぜ，再定義または置換えがより有用な情報を提供するのかを含む）

③ 報告期間において新しい指標を導入する場合［S1.B53］

比較年度の金額の開示が必要となります（実務上不可能な場合を除く）。

4 準拠性の表明（Statement of compliance）

(1) 準 拠 性

企業のサステナビリティ関連財務開示が，IFRSサステナビリティ開示基準のすべての要求事項に準拠している場合，明示的かつ無限定の準拠表明が行われます。逆に，すべての要求事項に準拠していない場合は，そのような準拠表明を行うことはできません［S1.72］。

ただし，企業が免除規定（以下の(2)および(3)参照）を適用して一部の開示を行わない場合でも，上記準拠性の記述を行うことは妨げられません［S1.73］。

(2) 法律や規則との関係

たとえ，法律や規則が情報を開示しないことを認めている場合でも，重要性のあるサステナビリティ関連財務情報を開示しなければなりません［S1.B32］。

ただし，現地の法律または規制により情報開示が禁止されている場合には，IFRSサステナビリティ開示基準により要求される情報を開示する必要はありません［S1.73前段］。

この理由により重要性のある情報を省略する場合には，開示されていない情報の種類を特定し，制限の理由を説明する必要があります［S1.B33］。

⑶　商業上の機密

さらに，サステナビリティ関連の機会に関する情報が商業上の機密（まだ公開情報ではない，仮に開示することで企業の経済的利益に重大な悪影響が及ぶことが合理的に見込まれ得る（かつ，集約したレベルでの開示であっても同様に不可能と判断）など，本基準における特定の規準がいずれも満たされていることを条件とする［S1.B35］）に当たる場合には，IFRSサステナビリティ開示基準で要求されている情報であり，かつ，その情報が重要である場合であっても当該情報を開示する必要はありません［S1.73後段，B34］。

その場合，企業はこの免除規定を適用している旨を開示し，かつ，引き続き免除規定の要件を満たすかどうかについての，報告日ごとの再評価が求められます［S1.B36］。また，企業は，サステナビリティ関連のリスクに関連して，サステナビリティ関連の財務情報の開示を大幅に省略する根拠として，当該免除規定を使用することは禁止されています［S1.B37］。

5　適用時期と適用初年度の経過的な救済措置（Transition relief)

⑴　適用時期

IFRS S1とIFRS S2は，2024年１月１日以降に開始する年次報告期間から有効となります。ただし，規制報告におけるIFRSサステナビリティ開示基準の強制適用は，各法域の承認または規制プロセス次第となります。両基準を同時に適用する場合は早期適用が認められますが，その場合はその旨を開示しなければなりません［S1.E1, E2］。

⑵　適用初年度の経過的な救済措置

ISSBは，適用初年度に以下の救済措置を認めています。

① 比較情報

企業は，S1基準とS2基準を適用する最初の年次報告期間において，サステナビリティ関連財務情報の比較情報を開示することを要求されません［S1.E3］。

② 報告の時期

企業がIFRS S1を適用する最初の年次報告期間においては，関連する一般目的財務諸表を公表した後にサステナビリティ関連財務情報開示を報告することが認められており［S1.E4］，具体的には，以下のいずれかの報告期限が規定されています。

(a) 企業が期中報告の提供が求められている場合，次年度の第２四半期または上半期の期中一般目的財務報告と同時

(b) 企業が任意で期中報告を提供している場合，次年度の第２四半期または上半期の期中一般目的財務報告と同時。ただし，本基準を最初に適用した年次報告年度の末日から９か月以内

(c) 企業が期中一般目的財務報告の提供が求められず，かつ，任意でも提供しない場合，本基準を最初に適用した年次報告年度の末日から９か月以内

③ 気候関連以外の開示の省略

「気候関連を優先する」経過的な救済措置により，IFRS S1とIFRS S2を適用する初年度には，IFRS S2に規定されている気候関連のリスクと機会のみを報告することができます。この救済措置を選択した場合，企業はその旨を開示する必要があり，前述の比較情報の救済措置も適用されます。つまり，IFRS S1とIFRS S2を適用する初年度には，当期の情報としては気候関連だけを開示し，比較情報は気候関連も含め何も開示する必要はありません。

適用２年目には，当期の情報としては，気候関連とその他の重要性があるサステナビリティ関連財務情報をともに開示し，比較情報としては気候関連につ

いてのみ開示が必要となります［S1.E5, E6］。

6　プロポーショナリティ（Proportionality）の原則

IFRSサステナビリティ開示基準には「プロポーショナリティ（企業の成熟度に比例した規定）」の原則がIFRS S1とIFRS S2ともに組み込まれています。これは，開示の負担を軽減し，IFRSサステナビリティ開示基準の適用を支援することを目的とした，ISSBの決定がその背景にあるとされています［S1.BC9］。

IFRS S1では，すべての要求事項に適用されるわけではないものの，特定のサステナビリティ関連財務情報の開示の作成に際して，企業は以下を行うべきであることを規定しています。

(1)　合理的で裏付け可能な情報

企業は，以下を行うにあたって，報告日現在において過大なコストや労力をかけずに利用可能な，合理的で裏付け可能な情報を使用しなければなりません。

①　企業の見通しに影響を与えると合理的に予想し得るリスクと機会の識別［S1.B6(a)］
②　上記の個々のリスクと機会に関連したバリューチェーンの範囲の決定［S1.B6(b)］
③　サステナビリティ関連のリスクと機会の予想される財務的影響の開示［S1.37］

合理的かつ裏付け可能な情報には，外部環境の一般的な状況だけでなく，企業固有の要因も含まれなければなりません。企業の見通しに影響を及ぼすと合理的に予想されるサステナビリティに関連するリスクと機会の識別など，場合によっては，合理的かつ裏付け可能な情報には，過去の事象，現在の状況および将来の状況の予測に関する情報が含まれます。加えて，他のIFRSサステナビリティ開示基準において，特定のケースにおいて，何が合理的で裏付けのある情報であるかを規定している場合があります［S1.B8］。

また，企業は，内部および外部のさまざまなデータの情報源を利用することができます（例：企業のリスク管理プロセス，産業や同業他社の経験，外部の格付け，報告書，統計）。過度のコストや労力をかけずに入手できると考えられる情報の例として，企業が財務諸表を作成し，ビジネスモデルを運営し，戦略を設定し，リスクと機会を管理する際に使用する情報が挙げられています［S1.B9］。

なお，何が過度なコストや労力となるかの評価は，企業固有の状況に依存し，企業にとってのコストや労力，主要な利用者にとっての結果として得られる情報の便益とをバランスよく考慮する必要があり，この評価は，状況の変化に応じて，時間の経過とともに変化する可能性があるとされています［S1.B10］。

①　サステナビリティ関連のリスクと機会の識別との関連

サステナビリティ関連のリスクと機会の識別に関連して，この概念を導入することで，企業に対して以下のことを明確にできるとされています［S1.BC51］。

(a)　裏付けがない，または不合理な情報を前提に，機会（またはリスク）を過大または過小に記載することを禁止する (b)　報告日に入手可能なすべての情報（過去の事象，現在の状況および将来の状況の予測に関する情報を含む）を使用することを求める (c)　報告日に入手できなかった情報を使用する必要はない (d)　サステナビリティ関連のすべてのリスクや機会を識別するために，情報を徹底的に調査することは期待されていない

②　バリューチェーンの範囲の決定との関連

バリューチェーンの範囲の決定に関連して，この概念は，情報の入手に関連する課題に直面している企業にも救済を与えるものであり，これによって企業に対して以下のことを明確にできるとされています［S1.BC58］。

(a)　報告日時点で入手可能なすべての情報を，過度のコストや労力をかけずに利用する必要がある
(b)　過大なコストや労力を要するような，バリューチェーンに関連する情報の徹底的な調査をする必要はない
(c)　合理的で裏付けのある情報を用いてバリューチェーンの範囲を決定することが求められる

③　予想される財務的影響の開示

サステナビリティ関連のリスクと機会の予想される財務的影響の開示に関連してこの概念を導入することで，企業に対して以下のことを明確にできるとされています［S1.BC106］。

(a)　裏付けがない，または不合理な情報を前提に，機会やリスクから予想される財務的影響を過大または過小に記載することを禁止する
(b)　リスクと機会から予想される財務的影響を決定するために，徹底的な情報の調査をする必要はない。企業は，情報を入手するために必要なコストと労力に見合った情報の調査を行うことが認められている
(c)　予想される財務的影響を測定するために，情報を徹底的に調査する必要はない。このようなリスクおよび機会の予想される財務的影響を測定する際には，企業は，過度のコストや労力をかけることなく，報告日時点で入手可能な合理的かつ裏付け可能なすべての情報を使用することが求められる
(d)　報告日に入手可能な情報（過去の事象，現在の状況および将来の状況の予測に関する情報を含む）のみを使用することが認められており，報告日以降に入手可能となった情報を使用する必要はない

⑵ 利用可能なスキル，能力およびリソースに見合ったアプローチ

上記⑴①から③のうち，③のサステナビリティ関連のリスクと機会の予想される財務的影響の開示を行うにあたっては，⑴の要求事項に加え，企業は利用可能なスキル，能力およびリソースに見合ったアプローチを使用しなければなりません［S1.37⒝］。企業が財務的影響に関する定量的情報を提供するためのスキル，能力およびリソースを有さない場合には，企業は当該定量的情報を提供する必要はありません（定性的情報で足りる）［S1.39］。

なお，企業がそのようなスキルや能力を獲得または開発するために利用可能なリソースを有している場合は，スキルや能力を有していないことを理由に，予想される財務的影響に関する定量的情報の提供を回避することはできないとされています［S1.BC107］。

第７節　判断・不確実性・誤謬（JUDGEMENTS, UNCERTAINTIES AND ERRORS）

1　判断（Judgements）

サステナビリティ関連財務開示を作成するプロセスの中で行った判断のうち，サステナビリティ関連財務開示に含まれる情報に最も重大な影響を与えているさまざまな判断を一般目的財務報告の利用者が理解できるような情報を開示しなければなりません。これは，IAS第１号の要求事項（第122項～第123項）の原則を採用したとされています［S1.BC159］。

なお，**2**で後述する測定の不確実性の対象である，金額の見積りに関する判断とは別個に開示されます［S1.74］。

例えば，企業は以下のような場面で判断を行うとされています［S1.75］。

(a)　企業の将来の見通しに影響を与えると合理的に予想し得るサステナビリティ関連のリスクと機会の識別（第３節**1**参照）
(b)　S1第54項から第58項に従って，どのガイダンスの情報源を適用するかの決定（第３節**1**，**2**参照）
(c)　サステナビリティ関連財務開示に含めるべき重要性のある情報の識別（同上）
(d)　ある事象または状況の変化が重要であり，企業のバリューチェーン全体を通じて影響を受けるすべてのサステナビリティ関連のリスクおよび機会の範囲の再評価が必要となるかどうかの評価（S1.B11，第３節**1**参照）。

2　測定の不確実性（Measurement uncertainty）

サステナビリティ関連財務開示において報告される金額に影響を与える最も重大な不確実性を一般目的財務報告の利用者が理解できるような情報を開示し

なければなりません［S1.77］。

⑴　測定の不確実性

サステナビリティ関連財務開示で報告される金額が直接測定できず，見積りしかできない場合，測定の不確実性が生じます。場合によっては，見積りには，結果が不確実な「将来起こり得る事象」（以下の⑵参照）についての仮定が含まれます。

合理的な見積りの使用は，サステナビリティ関連財務開示の作成に不可欠な要素であり，見積りが正確に記述され説明されていれば，情報の有用性を損なうものではなく，たとえ高水準の測定の不確実性があったとしても，そのような見積りが有用な情報を提供することを必ずしも妨げるものではない，とされています［S1.79］。

企業がサステナビリティ関連財務開示で報告される金額に影響を与える不確実性に関する情報の開示要求は，企業にとって最も困難で主観的または複雑な判断を必要とする見積りに関するものです。変数や仮定の数が増えるにつれて，それらの判断はより主観的で複雑なものとなり，それに応じてサステナビリティ関連財務開示に報告される金額に影響を与える不確実性も増加する，とされています［S1.80］。

⑵　将来起こり得る事象

将来起こり得る事象に関する情報に重要性があるかどうかを判断する際，企業は以下の双方を考慮しなければならないとされています［S1.B22］。

(a)　短期，中期，長期にわたる企業の将来キャッシュ・フローの金額，時期，不確実性に及ぼす事象の潜在的影響（「起こり得る結果」）。
(b)　起こり得る結果の範囲およびその範囲内での起こり得る結果の可能性

測定の不確実性に関する開示の必要性を検討するため，将来起こり得る事象に関する情報は，潜在的な影響が重大であり，その事象が発生する可能性が高い場合には，重要性があると判断される可能性が高くなります。しかし，企業は，確率が低く影響が大きい結果に関する情報が，単独でまたは他の確率が低く影響が大きい結果に関する情報と組み合わせて，重要性があるかどうかも考慮しなければなりません［S1.B23］。

> （例）　ある企業が複数のサステナビリティ関連リスクにさらされており，それぞれのリスクが，企業のサプライチェーンの混乱など，同じ種類の混乱を引き起こす可能性があるとする。個々のリスク源に関する情報は，そのリスク源からの混乱が発生する可能性が極めて低い場合には，重要性がないかもしれない。しかし，集合されたリスク（すべての発生源からのサプライチェーンの混乱リスク）に関する情報は，重要性があるかもしれない。

将来起こり得る事象が企業のキャッシュ・フローに影響を与えると予想されるが，それが何年も先のことである場合，通常，その事象に関する情報は，より早期に発生すると予想される同様の影響を持つ将来起こり得る事象に関する情報よりも重要性が低いと判断される可能性が高いといえます。しかし，状況によっては，ある情報の項目が，将来事象の潜在的影響の大きさやその事象の発生時期にかかわらず，主要な利用者の意思決定に影響を与えると合理的に予想される場合もあります（例：特定のサステナビリティに関連するリスクや機会に関する情報が，企業の一般目的財務報告の主たる利用者によって精査される場合）［S1.B24］。

⑶　開　　示

企業は，測定の不確実性のレベルが高い開示金額を識別したうえで，かつ，識別された金額ごとに以下の(i)および(ii)を開示しなければならないとされています［S1.78］。この要求事項は，IAS第１号第125項と整合しており，これに基づいています［S1.BC164］。

(i) 測定の不確実性の情報源（例えば，将来起こり得る事象の帰結や，測定技法，企業のバリューチェーンからのデータの入手可能性と品質に金額が依存しているケース）
(ii) 金額を測定する際に企業が用いた仮定，概算および判断

また，企業が開示する必要のある情報の種類と範囲は，サステナビリティ関連財務開示で報告される金額の性質──不確実性およびその他の状況の源泉，不確実性およびその他の状況に寄与する要因によって異なります。企業が開示する必要のある情報の例としては，以下のようなものがあります［S1.81］。

(a) 仮定またはその他の測定の不確実性の情報源の性質
(b) 開示金額の計算の基礎となる方法，仮定および見積りに対する感応度（当該感応度の理由を含む）
(c) 不確実性の予想される解消方法および開示された金額に関する合理的に起こり得る結果（(2)参照）の範囲
(d) 未解消の不確実性がある場合，開示された数値に関する過去の仮定について行った変更

3 誤謬（Errors）

(1) 誤謬の定義

過去の期間の誤謬とは，過去の１期間または複数期間の企業のサステナビリティ関連財務開示における省略や誤表示のことであり，このような誤謬は，以下の双方を満たす信頼できる情報を使用しなかったか，誤用したことから生じるものとされています［S1.84］。

(a) 過去の期間のサステナビリティ関連財務開示の公表が承認された時点で入手可能だった情報

(b)　これらの開示の作成において入手し，考慮したであろうと合理的に予想される情報

また，報告期間中に発見された潜在的な誤りは，サステナビリティ関連財務開示の公表が承認される前に修正されますが，翌期以降になってから重要性がある誤謬が発見されることがあります［S1.B57］。

(2)　誤謬の訂正

重要性がある過去の期間の誤謬は，実務上不可能でない限り，開示された過去の期間の比較対象の金額を修正再表示することによって訂正しなければなりません［S1.83］。これらには，計算上の誤り，指標と目標の定義の適用の誤り，事実の見落しまたは解釈の誤り，そして不正の影響が含まれます［S1.B56］。

過去の期間のサステナビリティ関連財務開示に重要性がある誤謬が識別された場合，以下の(a)から(c)までの開示も要求されます［S1.B58］。

(a)　過去の期間の誤謬の性質
(b)　（実務上可能な範囲内で）過去の各期間の訂正箇所
(c)　誤謬の修正が実務上不可能な場合，その状態が存在するに至った状況，および当該誤謬がどのように，そしていつから修正されているかの概要の記述

また，表示されている過去のすべての期間に係る誤謬の影響を算定することが実務上不可能である場合には，企業は，実務上可能な最も古い日付から誤謬を訂正するために比較情報を修正再表示しなければなりません［S1.B59］。

なお，誤謬の修正は，見積りの変更と区別される旨が明確に規定されています。見積りは，追加的な情報が利用可能になるにつれて修正が必要とされ得る概算値です［S1.85］。

第3章 IFRS S2基準「気候関連開示」

第1節 ガバナンス

1 目　　的

「ガバナンス」においては，気候変動に関連するリスクと機会をモニタリング，管理，監督するための，企業のガバナンスのプロセス，統制，手続を開示します［S2.5］。

具体的な開示要求項目は図表3－1のとおりです［S2.6］。

図表3－1 開示要求項目

機関や役職	開示すべき内容
(a)取締役会などのガバナンス機関	(i) 以下の文書における，取締役や取締役会の気候関連リスクと機会に対する責任の記載 • 付託事項 • 権限 • 職務記述（ロールディスクリプション） • 関連方針
	(ii) 気候関連リスクと機会に対応するための戦略を監督するために必要となる， • 適切なスキルやコンピテンシーの有無 • 能力開発の有無 • 上記に関する意思決定の方法
	(iii) 気候関連リスクと機会の取締役会への， • 報告フロー

	・報告頻度
	(iv) 以下を監督する際の，気候関連リスクと機会やそのトレードオフの要素の考慮 ・戦略 ・主要な取引に関する意思決定 ・リスク管理プロセスおよび関連する方針
	(v) 気候関連リスクと機会にかかわる企業の指標・目標について， ・その設定における取締役の関与 ・進捗・達成状況の管理 ・上記の報酬方針への組み込み方
(b)経営者	(i) 気候関連リスクと機会に対するマネジメントの役割の， ・特定の役職または委員会への権限委譲の有無 ・委譲されている場合の，これらの監督方法
	(ii) 気候関連リスクと機会の管理において， ・経営者が使用する統制や手続の有無 ・上記の統制や手続の企業内のその他の管理機能への統合状況

(出所) IFRS Sustainability Disclosure Standard S2 Climate-related Disclosures (2023) およびBasis for Conclusions on Climate-related Disclosures (2023) よりEY整理

そもそも，なぜ気候変動の文脈において企業のガバナンスに関する開示が要求されているのでしょうか。

まず，ガバナンス（本書の文脈では企業のガバナンス，つまりコーポレートガバナンス）とは，何を指すのでしょうか。東京証券取引所（以下「東証」という）では，実効的なコーポレートガバナンスの実現に資する主要な原則を取りまとめた「コーポレートガバナンス・コード」を定めています。このコードによれば，「『コーポレートガバナンス』とは，会社が，株主をはじめ顧客・従業員・地域社会等の立場を踏まえた上で，透明・公正かつ迅速・果断な意思決定を行うための仕組みを意味する。」[1]と定義されています。

気候変動は，ほとんどすべての企業やセクターにリスクをもたらす可能性が高く，また，気候変動を緩和し，その影響に適応することに重点を置く企業に

1　東京証券取引所，2021，「コーポレートガバナンス・コード」。

とっては，機会も生まれる可能性がある［S2.BC2］ことから，気候変動に関連するリスクと機会をモニタリング，管理，監督するための，企業のガバナンスについての情報は投資家にとって重要であり，企業が開示を行うことはある意味当然といえます。

2　具体的な開示要求項目

⑴　気候変動に関連して求められる取締役と経営者の役割と責任［S2.6⒜(ⅰ)およびS2.6⒝(ⅰ)］

⒜取締役会などのガバナンス機関	⒝経営者
(ⅰ)　以下の文書における，取締役や取締役会の気候関連リスクと機会に対する責任の記載 ・付託事項 ・権限 ・職務記述（ロールディスクリプション） ・関連方針	(ⅰ)　気候関連リスクと機会に対するマネジメントの役割の， ・特定の役職または委員会への権限委譲の有無 ・委譲されている場合の，これらの監督方法

この項目では，企業が気候変動に関連するリスクと機会をモニタリング，管理，監督するためにどのようなガバナンス・マネジメント機関（あるいは役職）を設置しているかについて開示します。

気候関連財務情報開示に関するガイダンス3.0（2022年10月版）において，TCFD開示を行う多くの企業は，取締役会および経営陣，および関連の委員会を含む体制をフロー図として示している，と記載されており[2]，ISSB開示においてもフロー図を活用した開示が想定されます。なお，上の表内において，取締役会などとまとめて記載していますが，IFRS S2ではガバナンス機関を「取締役会，委員会または同等のガバナンスを担う機関が含まれ得る」と記載して

2　TCFDコンソーシアム，2022,「気候関連財務情報開示に関するガイダンス3.0」（TCFDガイダンス3.0）。

います［S2.6(a)］。

図表３－２は，COSO[3]とWBCSD[4]が協働して，COSOの全社的リスクマネジメント（ERM）の概念とプロセスを，ESG関連リスクに適用できるようにすることを目的に開発したガイダンスである「全社的リスクマネジメント　全社的リスクマネジメントの環境・社会・ガバナンス関連リスクへの適用」が一例として示す，企業のESG課題に対するガバナンス構造と主要な役割です。

図表３－２　ESG課題に対するガバナンス構造

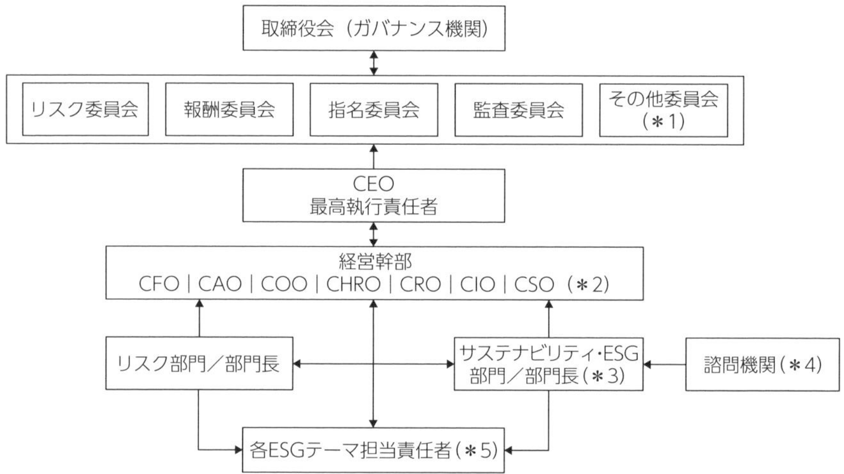

（出所）　COSO WBCSD, 2018,「全社的リスクマネジメント　全社的リスクマネジメントの環境・社会・ガバナンス関連リスクへの適用」よりEY作成

3　Committee of Sponsoring Organizations of the Treadway Commission：トレッドウェイ委員会支援組織委員会
内部統制，全社的リスクマネジメント，および不正抑止に関する包括的なフレームワークとガイダンスの開発を通じて先進的な考え方の提供に取り組んでいる任意の民間部門の組織。

4　World Business Council for Sustainable Development：持続可能な開発のための世界経済人会議
持続可能な世界への移行を促進するために協働している200を超える大手企業のグローバルなCEO主導の組織。

（＊１）その他委員会

その他委員会として，リスク委員会とは別に，ESG関連リスクを識別，管理，モニタリングするための部門横断的な代表者で構成されるサステナビリティ委員会を設置する企業があります。

日本でも，コーポレートガバナンスをめぐる現在の課題を踏まえ，スチュワードシップ・コードおよびコーポレートガバナンス・コードが求める持続的な成長と中長期的な企業価値の向上に向けた機関投資家と企業の対話において，重点的に議論することが期待される事項を取りまとめた「投資家と企業の対話ガイドライン」（2021年６月版）に「取締役会の下または経営陣の側に，サステナビリティに関する委員会を設置するなど，サステナビリティに関する取組みを全社的に検討・推進するための枠組みを整備しているか。」[5]と記載されており，資本市場からの強い要請を背景とした企業のサステナビリティ委員会等設置の動きがますます加速していくと思われます。

参考　サステナビリティに関する委員会の設置の記載

１．経営環境の変化に対応した経営判断	１－３	ESGやSDGsに対する社会的要請・関心の高まりやデジタルトランスフォーメーションの進展，サイバーセキュリティ対応の必要性，サプライチェーン全体での公正・適正な取引や国際的な経済安全保障をめぐる環境変化への対応の必要性等の事業を取り巻く環境の変化が，経営戦略・経営計画等において適切に反映されているか。また，例えば，取締役会の下または経営陣の側に，サステナビリティに関する委員会を設置するなど，サステナビリティに関する取組みを全社的に検討・推進するための枠組みを整備しているか。

（出所）「投資家と企業の対話ガイドライン」（2021年６月版）よりEY整理

また，企業によっては自社のマテリアリティ（第２章第４節**２**）に応じたサ

5　金融庁，2021，「投資家と企業の対話ガイドライン」。

ブ委員会を設置してサステナビリティガバナンスの拡充を図っているケースも見られ，この中で気候変動をテーマとして設けている企業もあります。

ISSBは，IFRS S2の結論の根拠において，多くの企業が気候関連リスクと機会については，その他のサステナビリティ関連のリスクと機会とともに統合的に管理・監督するガバナンスやマネジメント体制を構築していることが実態であることを指摘する，ステークホルダーからのフィードバックが寄せられていたことを明らかにしています。このため，実際の開示にあたっては，上記の気候関連リスク・機会の管理に適用されているプロセスが，企業のその他のガバナンス機能とどのように統合されているかについて開示したうえで，これらがその他のサステナビリティ関連リスクと機会とともに統合的に管理されている場合，統合的なガバナンスの開示を行い，重複を減らすよう取り組むこと，と記載されています［S2.7］。

必ずしも気候変動をテーマとした委員会を設置すること自体が必須なのではなく，気候変動がリスク委員会あるいはサステナビリティ委員会などによって識別，管理，モニタリングされている場合には，その旨がわかるように開示する必要があります。

（＊２）経営幹部，（＊３）サステナビリティ・ESG部門と部門長

ESGやサステナビリティに関するリスクや機会を，企業の既存および新規の戦略や計画に結び付けるために，経営幹部や担当部署にその役割と責任を委譲することが重要です。

ESGのその名のとおり，企業の事業活動の環境や社会とのかかわりは，さまざまな部門にまたがっていることが多く，近年ではESGやサステナビリティの専門部署を設置し，部門横断的に企業内のサステナビリティ活動を統括して取り組む企業が増えています。また，欧州や北米を中心に，チーフサステナビリティオフィサー（CSO，あるいはCSuOと表記されるケースもある）という担当役員を設置する企業も増加しています[6]。

こちらも上述と同様に，気候変動に特化した担当役員や担当部署を新設する

こと自体が必須なのではなく，既存の役員や部門によって気候関連リスクや機会がどのように管理・監督されているかを明らかにすることが求められているのであり，既存の部門や担当役員の職務範囲にサステナビリティに関するリスクや機会が含まれているのであれば，その旨を開示します。

（＊４）諮問機関

機能横断的な，あるいはマルチステークホルダー的な諮問委員会や協議会を設置することにより，経営陣にサステナビリティ課題へのアドバイスを提供することが可能となります。こうした諮問機関は社内に限らず，社外から専門家（例：大学教授や研究者，コンサルタントやシンクタンク等）やステークホルダーの代弁者（例：環境NGO，人権弁護士等）を招聘して構成することも考えられます。

（＊５）各ESGテーマ担当責任者

リスクや機会に対する最終的な責任を所有するのは取締役会であり，経営者です。しかし，ESG・サステナビリティのリスクと機会は多岐にわたります。図表３－３は一例ですが，テーマごとに，企業内の適切な主担当者に責任を委譲し，必要に応じて副担当者を任命することで，対応の推進を図ることがガバナンスの実効性を高めるうえで不可欠となります。

図表３－３　各ESGテーマ担当責任者

全社的なリスク例	ESGの要素	主担当者の例	副担当者の例
原材料価格の高騰	●気候変動政策に伴うエネルギーコスト上昇による価格変化	●サプライチェーン部門長	●チーフサステナビリティオフィサー ●エネルギー担当サステナビリティアナリスト

6　Urso, F. (2022, May 5). Number of company sustainability officers triples in 2021 - study. Reuters.
https://www.reuters.com/business/sustainable-business/number-company-sustainability-officers-triples-2021-study-2022-05-04/（アクセス日：2023年10月24日）

傷病率や死亡率の増加	• 健康・安全関連の考慮	• 環境健康安全担当長	• 工場・拠点担当長
サプライチェーン上のESG課題についてのコミュニケーション不足によるレピュテーションの毀損	• サプライチェーン上の人権の透明性に対するさらなるプレッシャー	• 最高調達責任者	• チーフサステナビリティオフィサー

（出所） COSO/WBCSD「全社的リスクマネジメントの環境・社会・ガバナンス関連リスクへの適用」よりEY作成

また，この項目では機関やポジション名を列挙するだけではなく，役割や責任を開示する必要があります。気候変動に関連して，図表３－４のような役割や責任が想定されます。

図表3-4 気候変動に関連した役割と責任の例

気候緩和活動に関する年度予算の管理
低炭素製品・サービスに関連した主要な資本支出・営業支出の管理（研究開発も含む）
気候変動に関連した取得，統合，分離
気候変動に関連した従業員インセンティブの付与
気候移行計画の開発
気候移行計画の実行
気候関連の課題の全社戦略への統合
気候変動シナリオ分析の実施
気候関連の目標の設定
上記目標に対する進捗の管理
気候に影響を与える公共政策エンゲージメント（例：政府や自治体に提言を行うことなど）
気候関連課題についてのバリューチェーンエンゲージメント（例：サプライヤーとの協働など）
気候変動リスク機会の評価
気候変動リスク機会の管理

（出所） CDP「気候変動2023レポーティングガイダンスより」よりEY整理

⑵　気候変動に関連して求められる取締役のスキル［S2.6⒜(ii)］

本項では，気候変動に関連して，取締役が適切なスキルやコンピテンシーを有しているか，またこれらを取得・強化するための能力開発を有しているかについて開示が求められます。

図表３－５は一例ですが，サステナビリティに関するスキルです。

図表３－５　サステナビリティ課題に関連して求められるスキル（例）

ESG関連のメガトレンドとこれらが自社のほかのリスクとどのように複合的に作用するかへの理解
ESG課題を理解するための広く受け入れられているフレームワークに対する知識
ESG関連リスクへの理解（例：自社のGHGスコープ・カテゴリと，各スコープ・カテゴリの削減への取組み）
ステークホルダー（投資家，顧客，従業員，ユニオン，NGOなど）とその優先ESG課題に対する知識
サステナビリティリスクを緩和し，機会と価値を捕捉するための現在の社内ESGイニシアティブの理解

（出所）　COSO/WBCSD「全社的リスクマネジメントの環境・社会・ガバナンス関連リスクへの適用」よりEY作成

当然，上記に対する一般的な背景情報に関する理解や知識があることが望ましいですが，企業やその業種・業態の固有の状況により，知っておくべき気候変動，あるいは関連したサステナビリティ課題とそれに伴うリスクと機会は，さまざまです。また，上記にはテクニカルな専門知識が必要なものもありますが，これらを実務者レベルに委譲したとしても，適切な監督を行うという取締役としての職責を果たすうえでは，今後資本市場が取締役に対して一定のスキルを求めていくことが予想されます。

日本のコーポレートガバナンス・コードにおいても，各社の戦略に応じて求められる取締役会のスキルの特定と開示を求めています[7]。

図表3-6 コーポレートガバナンス・コードにおける取締役のスキルの記載

補充原則４－11 取締役会・監査役会の実効性確保のための前提条件	４－11 ①	取締役会は，経営戦略に照らして自らが備えるべきスキル等を特定したうえで，取締役会の全体としての知識・経験・能力のバランス，多様性および規模に関する考え方を定め，各取締役の知識・経験・能力等を一覧化したいわゆるスキル・マトリックスをはじめ，経営環境や事業特性等に応じた適切な形で取締役の有するスキル等の組み合わせを取締役の選任に関する方針・手続と併せて開示すべきである。その際，独立社外取締役には，他社での経営経験を有する者を含めるべきである。

（出所）「コーポレートガバナンス・コード」（2021年６月版）よりEY整理

図表3-7 スキル・マトリックス例

取締役氏名	企業経営	財務・会計	デジタル	人的資本	リスクマネジメント	サステナビリティ
A氏（女性）	●				●	
B氏（男性）		●				●
C氏（女性）			●			
D氏（男性）				●		

（出所）EY作成

さらには，スキルを取得する（あるいは，上記にマトリックスなどの開示において，取締役が十分なスキルを有していることが記載できている場合でも，これをより一層強化する）ために，トレーニングを実施しているか，といった開示も求められます。

7　東京証券取引所，2021，「コーポレートガバナンス・コード」。

図表３-８ 開示例

研修の対象者	研修の内容	実施頻度
取締役会全員	• ESGリスクに関するメガトレンド • 当社のステークホルダーが寄せる関心事	• 四半期ごと
サステナビリティを担当する取締役	• 各国の気候変動対応政策の状況	• 四半期ごと

（出所） EY作成

経済産業省の「価値協創のための統合的開示・対話ガイダンス2.0」（2022年８月版）においても，「投資家は，十分なスキル及び多様性を備えた取締役，特に社外取締役等が，自らに代わって業務執行を担う経営陣の戦略的意思決定を適切に監督・評価（モニタリング）することを求めている。」との記載があり，取締役のスキルの向上が資本市場からの強い要請であることが読み取れます。

参考　「フィデューシャリー・デューティー」とは

取締役をはじめとする企業のガバナンス機関に対する資本市場からの期待が高まっています。米国では，取締役と株主の関係性をフィデューシャリー・デューティーとして解釈しています。

フィデューシャリー・デューティーについては下記が参考になります。

「米国法において，ある者が，他人の利益のために行動する義務を負う関係を一般に信認関係（Fiduciary Relationship）といい，この法原理をフィデューシャリー法理という。米国会社法においては，取締役と会社及びその所有者としての株主との関係は信認関係であるとされ，米国におけるコーポレートガバナンスの進展に伴い裁判所で判例が積み重ねられ，取締役のフィデューシャリー・デューティーの理論が展開されてきた。」（出典：月刊資本市場2019.1（No.401），後藤潤一郎「米国における取締役のフィデューシャリー・デューティー」）

上記の経済産業省の「価値協創のための統合的開示・対話ガイダンス2.0」においてフィデューシャリー・デューティーという言葉に対する言及はないものの，企業の意思決定における取締役への投資家からの期待に踏み込んだ記載がされており，企業の対応としては注視していく必要があります。

上記(1)で述べた諮問機関（社内外の専門家によりサステナビリティ課題に対するアドバイスを提供する仕組み）を活用してスキル向上を図ることも一案です。

(3) 気候関連リスクと機会の取締役会への報告フローと頻度［S2.6(a)(iii)］

本項の開示要求項目は，(1)の役割と責任とあわせて検討することが必要となります。取締役への報告フローについては，(1)で作成したフロー図と整合した開示を行うこととなります。また，報告頻度については，各種の委員会や会議体の趣旨や開催頻度に応じて決定されることになります。

(4) 気候関連リスクと機会やそのトレードオフの要素の考慮［S2.6(a)(iv)］

本項では，企業の戦略，主要な取引の決定，リスク管理を監督する際に，取締役が気候変動に関連するリスクと機会をどのように考慮しているか，について開示します。例えば，ある新製品の開発を行う際の事業投資における意思決定を想定します。その製品による財務リターン（例：利益）は，社内の事業投資基準に照らして十分に高いことがわかっていますが，気候変動についてはどうでしょうか。高い利益は見込まれるが，気候変動リターンが低い（例：GHG排出削減効果がない，もしくは低い）製品に対する投資（図表３－９では，左上の点線枠内に当てはまるような投資）に対して，どのような意思決定を行うべきかの判断基準が必要となります。図表３－９の右下に該当するケース（＝気候変動対策としては効果が高いが，収益性が低い事業への投資）についても同様に検討が必要となります。

IFRS S2では，インターナルカーボンプライスの開示が求められており［S2.29(f)］，これらの判断において活用されることが望まれます。なお，想定とし

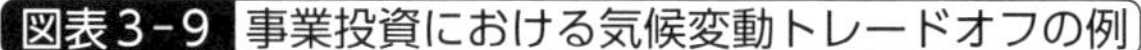
図表3-9　事業投資における気候変動トレードオフの例

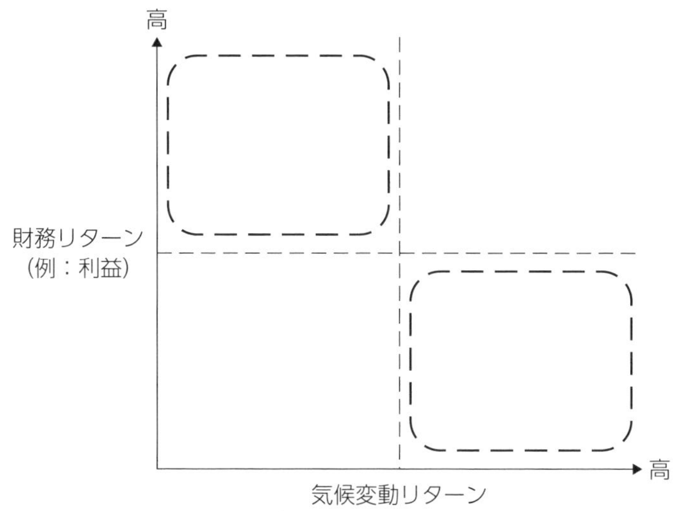

（出所）　EY作成

て新製品の開発投資を例に挙げましたが，インターナルカーボンプライスは企業買収の際のバリュエーションに活用することも可能で，日本の企業においても導入が始まっています[8]。

⑸　気候関連リスクと機会にかかわる企業の指標・目標における取締役の関与［S2.6⒜⒱］

本項では，気候関連リスクと機会にかかわる企業の指標・目標について，その設定における取締役の関与，進捗・達成状況の管理，またそれらの報酬方針への組み込み方についての開示が求められます。報酬方針に気候変動に関連した指標を盛り込むことで，取締役が企業の気候変動対策に関する目標の達成に

8　帝人株式会社，「インターナルカーボンプライシング（ICP）制度を改定」帝人株式会社のニュースリリース，2023年４月３日。
https://www.teijin.co.jp/news/2023/04/03/20230403_01.pdf（アクセス日：2023年10月24日）

図表3-10 一般的な役員報酬の例

報酬タイプ	報酬例
基本報酬	• 基本報酬の増加
業績変動報酬	• 短期インセンティブ（賞与） • 長期インセンティブ（株式報酬）

（出所） CDP「気候変動2023レポーティングガイダンスより」よりEY整理

ついて明確な責任を所有することが期待されます。

上記の報酬体系に，気候変動に関連した企業の目標の進捗に資する取組みの実施状況や，目標の達成を測る定量的な指標に基づき，インセンティブを付与する方法が想定されます。

図表３－11は一例ですが，報酬方針に組み込むことのできる気候変動に関連した企業の取組みや目標への達成状況を測る指標です。

図表3-11 報酬の対象となる目標達成（例）

排出削減イニシアティブの実行
GHG総排出量および（もしくは）GHG排出原単位量の削減
エネルギー効率化の改善
エネルギー消費量全体における低炭素エネルギー使用量の割合の増加
エネルギー消費量全体における再生可能エネルギー使用量の割合の増加
エネルギー消費量の削減
低炭素研究開発投資の増加
製品・サービスポートフォリオ全体における低炭素製品やサービスからの収益の割合の増加
気候関連課題についてのエンゲージメント（例：サプライヤー・消費者との協働）の増加
サプライヤーの気候関連要求事項へのコンプライアンスの増加
バリューエーション可視化の向上（例：トレーサビリティ，マッピング，透明性）

企業の気候変動・サステナビリティインデックスにおける評価向上（例：CDP気候変動，DJSIなど）
従業員への気候変動への取組みの啓発や研修の実施

（出所）　CDP「気候変動2023レポーティングガイダンスより」よりEY整理

図表３-12　気候変動に関連した役員報酬の記載例

対象者	報酬	指標	詳細	理由
CEO	• 固定報酬の％としての賞与	• GHG排出総量削減	当社が５年以内にGHG排出総量の25％を削減できた場合に，当社のCEOは５年後に固定報酬の100％に当たる賞与を受けることができる。	左記の指標は当社の気候移行計画を構成する科学的根拠に基づく目標（SBT）と整合している。

（出所）　CDP「気候変動2023レポーティングガイダンスより」よりEY整理

参 考　長期インセンティブについて考慮すること

クローバック条項（企業の財務諸表に重大違法行為または重大な虚偽表示があった場合に，支払った金額を回収することのできる条項）やマルス条項（報酬の支給前に支払いを差し控えることのできる条項）を導入する企業が日本においても増えてきています。今後さらに気候変動対策など，サステナビリティ課題と連動した長期インセンティブの導入が進めば，報酬の算定根拠となる数値に誤りがあった場合の対策としてのこうした条項の導入も加速することが想定されます。

⑹　経営者が使用する統制や手続［S2.6⒝(ii)］

本項では，気候関連リスクと機会の管理において，経営者が使用する統制や手続の有無，およびこれらの統制や手続の企業内のその他の管理機能への統合状況について開示する必要があります。気候変動に関連するリスクと機会の管理において企業は何を行い，何を開示すべきかについては，第３節で解説します。リスク管理の開示要求では，実際に企業が実施する統制や手続についての詳細な開示が求められますが，本項では，そもそもそうした統制や手続を経営者が使用しているかについて端的に開示することが求められます。

第２節　戦　　略

１　目　　的

「戦略」においては，気候変動に関連するリスクと機会を管理するための企業の戦略について開示します。戦略における開示要求は図表３－13のとおり整理されています。

図表３-13　戦略における開示要求

項	開示要求
10～12	(a)　企業の見通しに影響を及ぼすと合理的に予想される，気候関連のリスクと機会
13	(b)　気候関連のリスクと機会が，企業のビジネスモデルおよびバリューチェーンに及ぼす，現在および予想される影響
14	(c)　気候関連のリスクと機会が，気候関連の移行計画を含む，企業の戦略と意思決定に与える影響
15～21	(d)　気候関連のリスクと機会についての以下の開示 • 報告期間における財務的影響（財務状態，財務業績，キャッシュ・フロー） • 短期・中期・長期の将来において予想される財務的影響（同上） • 財務計画への織り込み
22	(e)　企業の戦略とビジネスモデルの気候変動に対するレジリエンス

（出所）　IFRS Sustainability Disclosure Standard S2 Climate-related Disclosures（2023）よりEY整理

２　開示要求の解説「リスクと機会」

(1)　企業の見通しに影響を及ぼすと合理的に予想される気候関連のリスクと機会

企業がさらされる気候関連のリスクと機会は，それぞれの企業のビジネスモデル，業種業態，ロケーション，バリューチェーン，その他企業固有の事情により異なります。一方で，本項では，同じ業種の企業には共通したビジネスモデルや事業活動などの特徴があるという前提から，産業別開示の要求事項も盛り込まれています。ISSBはIFRS S2の公表に併せて産業別ガイダンス[9]も公表しており，企業はこのガイダンスを参照し，その適用可能性を考慮することが求められています。

図表3-14 気候関連リスクと機会の開示

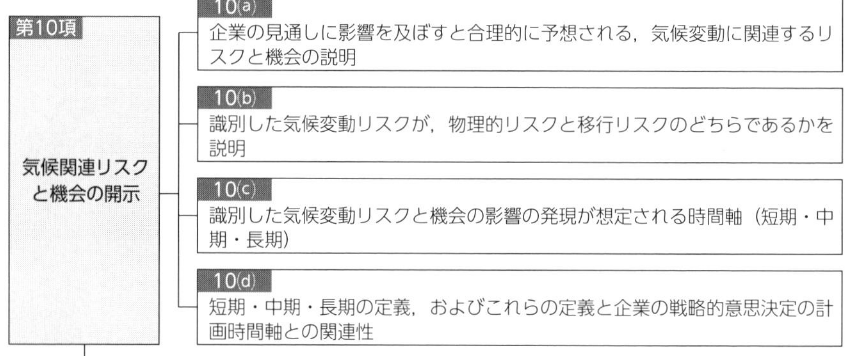

（出所） IFRS Sustainability Disclosure Standard S2 Climate-related Disclosures（2023）およびBasis for Conclusions on Climate-related Disclosures（2023）よりEY整理

9 IFRS S2の実施に関する産業別ガイダンス。IFRS財団のウェブサイト「IFRS Sustainability Standards Navigator」において公表されている。

(2) 気候関連リスクと機会の例［S2.10(a)(b)］

図表３-15 気候関連リスクと機会の例

TCFDによるサブカテゴリ	移行リスクの概要
政策と法	• GHG排出価格の上昇 • 排出量の報告義務の強化 • 既存の製品およびサービスへのマンデート(受託事項)および規制 • 訴訟にさらされること
テクノロジー	• 既存の製品やサービスを排出量の少ないオプションに置き換えること • 新技術への投資の失敗 • 低排出技術に移行するためのコスト
市場	• 顧客行動の変化 • 市場シグナルの不確実性 • 原材料コストの上昇
評判	• 消費者の嗜好の変化 • 産業セクターへの非難 • ステークホルダーの懸念の増大またはステークホルダーの否定的なフィードバック

サブカテゴリ	物理的リスクの概要
急性的	• サイクロンや洪水などの極端な天候事象の過酷さの増加
慢性的	• 降水パターンの変化と天候パターンの極端な変動 • 上昇する平均気温 • 海面上昇

TCFDによるサブカテゴリ	機会の概要
資源効率	• より効率的な輸送手段の使用（モーダルシフト） • より効率的な生産および流通プロセスの使用 • リサイクルの利用 • 高効率ビルへの移転 • 水使用量と消費量の削減

エネルギー源	• より低排出のエネルギー源の使用 • 支援的な政策インセンティブの使用 • 新技術の使用 • 炭素市場への参入 • 分散型エネルギー源への転換
製品とサービス	• 低排出商品およびサービスの開発および／または拡張 • 気候適応と保険リスクソリューションの開発 • 研究開発とイノベーションによる新製品またはサービスの開発 • 事業活動を多様化する能力 • 消費者の嗜好の変化
市場	• 新しい市場へのアクセス • 公共セクターのインセンティブの使用 • 保険の付保を必要とする新しい資産と立地へのアクセス
レジリエンス	• 再生可能エネルギープログラムへの参加とエネルギー効率化措置の適用 • 資源の代替／多様化

（出所）「気候関連財務情報開示タスクフォースの提言の実施」2021年10月版よりEY整理

なお，IFRS S2第10項（気候関連リスクと機会の識別）は，後述するプロポーショナリティの合理的で裏付け可能な情報の対象となっています。

(3) 機会に関する特別な考慮

また，IFRS S1において，サステナビリティ関連の機会については，商業上センシティブであり，かつすでに公表されていないという限定的な状況下では企業に開示を求めないという免除規定が定められており，これは気候関連の機会についても同様に適用されます［S2.BC40］。

下記は，ISSBスタッフペーパー（ISSBの公開会議の際に作成されるディスカッションペーパー）に記載されている参考事例です[10]。

---

10 IFRS, 2023, “Staff paper Agenda reference: 3D”
https://www.ifrs.org/content/dam/ifrs/meetings/2023/january/issb/ap3d-general-sustainability-related-disclosures-s1-commercially-sensitive-information-about-opportunities.pdf（アクセス日：2023年10月28日）

図表３-16 開示が免除される気候関連の機会の例

事例企業の概要
モバイル通信機器を製造するテクノロジー企業

機会の概要
• 同社は，完全に太陽電池で動くモバイル機器の開発を決定する。実現した場合には，同社は太陽電池で動く携帯端末を製造する**知的財産**を所有する唯一の企業となり，**経済的な便益**が得られることから，これをサステナビリティ機会と識別。 • しかし，**経営リソース上の制約**から，携帯端末の製造の実現までには時間がかかる。もしリソースを豊富に有する**競合他社**が同様の知的財産を開発し，同様の製品を同社に先んじて市場に投入した場合には，同社の**競争上の優位性を低下させる可能性**があることから，同社はこの機会を公表していないし，**情報を秘匿するために多大なエフォート**を払っている。

商業上センシティブの判断となりうる背景
上記の機会に関する情報開示を行った場合，競合他社がその情報に基づき行動し，**同社が機会を追求することで実現できる利益を著しく損なう可能性**があることから商業上センシティブな情報と同社は判断し，開示を行わないこととした。

開示における対応方法
持続可能な製品を開発するための取組みが進行中であることを開示するが，具体的な関連情報は開示しない。

（出所） IFRS ISSB Meeting Staff paper Agenda reference 3DよりEY整理

⑷ 時間軸の考え方

また，IFRS S2第10項⒞では気候関連のリスクと機会の影響が発現する時間軸を開示すること，第10項⒟では，その時間軸と企業の戦略や計画の時間軸との関連性を開示することが求められています。言い換えれば，ISSBは短期，中期，長期の時間軸をそれぞれ何か月，あるいは何年といった形式で定めておらず，企業の判断に委ねています。

企業のセクターや業種はもとより，ビジネスサイクルや投資サイクルといった企業の固有の状況に応じて，時間軸（短期，中期，長期）に対する考え方も異なるため，企業が時間軸を定義し，これらの定義が自社の戦略や計画とどのように関連しているかを開示することが求められているのです［S2.BC41］。

日本企業の多くは，中期経営計画もしくは長期ビジョンを発表しています。こうした経営戦略上のマイルストーンに合わせて気候変動対策についても計画することで，開示との整合性も取りやすくなります。

3　開示要求の解説「ビジネスモデルとバリューチェーン」

(1)　気候関連のリスクと機会が，企業のビジネスモデルおよびバリューチェーンに及ぼす現在および予想される影響

ISSBは，気候変動が企業のビジネスモデルとバリューチェーンに及ぼす影響について，図表3－17のとおり開示することを要求しています［S2.13］。

図表3-17　ビジネスモデルおよびバリューチェーンに関する開示

第13項　ビジネスモデルおよびバリューチェーンに関する開示	
13(a)	13(b)
気候変動に関連するリスクや機会が，企業のビジネスモデルやバリューチェーンに与える**現在の影響と予想される影響**の説明	企業のビジネスモデルやバリューチェーンの中で，気候変動に関連する**リスクと機会がどこに集中しているか**の説明（例えば，地理的な地域，施設，資産の種類など）。

（出所）IFRS Sustainability Disclosure Standard S2 Climate-related Disclosures（2023）およびBasis for Conclusions on Climate-related Disclosures（2023）よりEY整理

第13項(a)(b)ともに，自社のビジネスモデルとバリューチェーンについてよく理解し，これらがどのように気候変動の影響を受ける可能性があるのかについて分析を行わないと適切な開示を行うことができないでしょう。では，そもそもビジネスモデルとバリューチェーンとは何を指すのでしょうか。

ISSBでは，ビジネスモデルとバリューチェーンを図表3－18のとおり定義しています［S2.Appendix A］。

図表３-18　ビジネスモデルとバリューチェーンの定義

用語	ISSBによる定義
ビジネスモデル	• 企業の戦略的な目的を達成し，価値を創造し，短期，中期，長期にわたってキャッシュ・フローを生み出すことを目指して，企業活動によりインプットをアウトプットとアウトカムに変換する企業のシステムのことを指す。
バリューチェーン	• 企業のビジネスモデルと外部環境に関連した，これらの相互作用，リソース，関係性全体を示す。 • 製品やサービスを生み出す過程（開発設計段階から，ユーザーのもとに届けて，それらが消費・廃棄されるまで）において，企業が活用し，依存する活動，リソース，関係性のことを指す。 • これらには人的資本，材料やサービスの調達などのサプライ，マーケティング，流通販売や納品にチャネル，さらに資金調達，地理，地政学，規制環境なども含む。

（出所）IFRS Sustainability Disclosure Standard S2 Climate-related Disclosures（2023）およびBasis for Conclusions on Climate-related Disclosures（2023）よりEY整理

⑵　ビジネスモデルとは

まず，ビジネスモデルですが，近年多くの日本企業が発行する統合報告書において，ロジックモデルを用いた価値創造プロセスが示されています。ロジックモデルは，もともとは1970年代に米国で政策評価の手法の１つとして開発され，現在においては事業やプロジェクトなどにその適用範囲が広がっていきました。ロジックモデルは，事業やプログラムを運営するために必要なリソース，活動，達成したい変化や結果の関係を，体系的かつ視覚的に提示し，共有する方法です。視覚表現の方法はさまざまですが，図表３－19の４つの要素について論理的にそのつながりを示すことが一般的です。

図表３-19　ロジックモデル

インプット → アクティビティ → アウトプット → アウトカム

（出所）ケロッグ財団「ロジックモデル開発ガイド」よりEY整理

ロジックモデルにおける4つの要素は一般的に以下を指します。

インプット

企業が事業活動を行ううえで投入するリソース，いわゆるヒト・モノ・カネのことを指す。財務資本や人的資本に加え，製品の製造に必要な原材料や機材，製造機械も含む。また，技術的なノウハウ（知的資本）や取引先との関係性（社会関係資本）といったモノに限定されない情報やネットワークもインプットに含む。

アクティビティ

アウトプットをもたらすために企業が行うあらゆるビジネスの活動。例えば，営業活動や販売・マーケティング活動，製品の設計や開発，またこれらを支えるシステムの開発・運用・保守，従業員の能力強化も含まれる。

アウトプット

ビジネス活動の結果として生み出される製品やサービス。加えて，製造時の副産物や廃棄物を含める。

アウトカム[11]

アウトプットを通じてもたらされる企業や企業を取り巻く内外の環境への影響を指し，ポジティブなものとネガティブなものの両方を含む。例えば，企業と取引先の利益，ブランドや評判の向上，製品に関連した環境への好影響・悪影響などが考えられる。また，アウトカムは，効果発現までの時間軸に応じて「短期」，「中期」，「長期」で個別に設定されることもある。

---

11 国際統合報告評議会，2021，「国際統合報告フレームワーク（The International <IR> Framework）」（2021年1月版）

⑶　バリューチェーンとは

上記のISSBによるバリューチェーンの定義は，意図的に広範に解釈可能なものとなっています。しかしながら，ISSBが開示を求めるバリューチェーンに影響を及ぼす気候関連リスクと機会は「マテリアル」（第２章第４節**2**）なもののみであることに留意が必要です。

なお，バリューチェーンは1985年にマイケル・Ｅ・ポーターが著書『競争優位の戦略』の中で提唱した企業のさまざまな活動が最終的な付加価値にどのように貢献しているかを俯瞰するフレームワークで，図表３－20のように示されることが一般的です。

図表３-20　バリューチェーンの概念図

支援活動	全般管理（インフラストラクチャー）				
	人事・労務管理				
	技術開発				
	調達活動				
主活動	購買物流	製造	出荷物流	販売・マーケティング	サービス

（出所）　マイケル・Ｅ・ポーター『競争優位の戦略』

上図のバリューチェーンに加えて，特に気候変動に密接にかかわる環境負荷に関連して，製品が使用された後の廃棄や最終処分，該当する場合にはリサイクルについても言及し，サーキュラーエコノミーに対する自社の取組みを明確にする必要があるでしょう。また，近年，バリューチェーンをより広範にとらえることが一般的となっており，例えば上流のバリューチェーンには原材料の採掘や栽培にかかわる業者，下流のバリューチェーンには最終的なユーザーや消費者を含み，企業が直接の取引関係を持つステークホルダーに限定されないことが増えています[12]。

IFRS S2基準では，バリューチェーンについて，GHGプロトコルのスコープ

３基準と関連付けて開示することが求められています［S2.B32］。これの意味するところは，自社内における化石燃料の燃焼，工業プロセスにおける化学反応などにより大気中に排出されるGHGに加えて，バリューチェーン上のあらゆる事業活動（例：原材料調達，製造，物流，販売，廃棄など）から排出されるGHGもその対象となります。

図表３－21は，前述のバリューチェーンの概念図をもとに，一般的な製造業を例とした企業のバリューチェーン上の諸活動と関連するGHG排出をGHGプロトコルを参考に整理したものです。

図表３-21 バリューチェーン上の事業活動とGHG排出の関係性

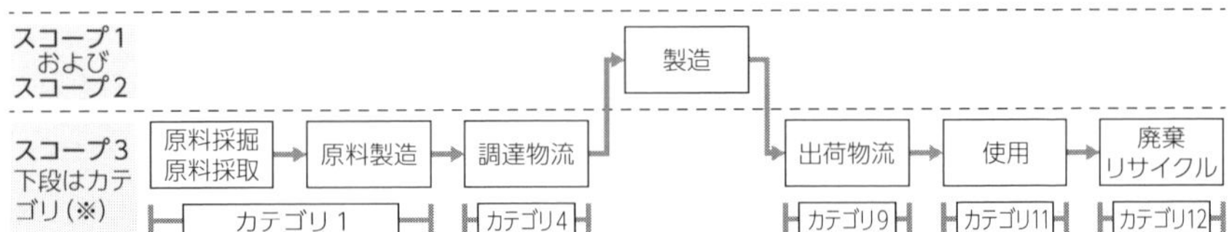

（※）スコープ３の各カテゴリにどのような活動とGHG排出があるのかについては，本章第４節にて解説している。
（出所）環境省グリーン・バリューチェーンプラットフォームを参考にEY作成

図表３－21のとおり，自社内における気候変動対策以外にも，他者（例：１次サプライヤー，２次サプライヤー，物流パートナー，協力会社，リテールパートナー，消費者など）の気候変動を巡る動向を把握し，自社の取組みと関連付けていくことが肝要となります。企業の取組み例については次項で解説します。

12　田中晋．(2022,4,28)「バリューチェーンも人権・環境デューディリジェンスの対象に(EU)」JETRO。https://www.jetro.go.jp/biz/areareports/2022/361924c8d6c4c953.html,（アクセス日：2023年10月28日）

4　開示要求の解説「移行計画，戦略，意思決定」

(1)　気候関連のリスクと機会が，気候関連の移行計画を含む，企業の戦略と意思決定に与える影響

公開草案における戦略や意思決定に関する開示要求がわかりにくいとのフィードバックを受けて，ISSBは本項において企業の全体的な戦略および意思決定に関連する要求事項と，低炭素経済への移行を管理するための移行計画を図表３－22のとおり整理しました。

図表３－22　戦略および意思決定の要求事項と低炭素経済への移行計画

第14項：戦略や意思決定の開示要求
(a)　気候関連のリスクと機会への企業の対応方法や対応計画 (気候関連の目標達成への計画も含む)
(b)　上記(a)の取組みに係るリソースの調達方法
(c)　上記(a)の取組みの前年度からの進捗状況に関する定量的・定性的情報

開示すべき情報とその例
(i)　資源配分を含む，ビジネスモデルに対する変更や変更予定 ・炭素，エネルギー，水を多量に消費する事業の廃止 ・設備投資や研究開発への追加支出 ・買収や売却
(ii)　緩和や適応のための直接的な取組み ・生産工程や設備の変更 ・施設の移転 ・従業員の雇用調整 ・製品仕様の変更
(iii)　緩和や適応のための間接的な取組み ・顧客や消費者との協働 ・サプライヤーエンゲージメント
(iv)　移行計画と，その策定にあたっての前提や依存性
(v)　GHG排出量削減などの目標の達成計画

(出所)　IFRS Sustainability Disclosure Standard S2 Climate-related Disclosures (2023) よりEY整理

①　資源配分を含む，ビジネスモデルに対する変更や変更予定

IFRS S2では，図表３－22のとおり，ビジネスモデルに対する変更や変更予定の例として，炭素，エネルギー，水を多量に消費する事業の廃止，設備投資や研究開発への追加支出，買収や売却が挙げられています。

この中でも，研究開発関連投資については，「気候関連財務情報開示に関するガイダンス3.0（通称「TCFDガイダンス」）」[13]においてもその開示の重要性が強調されています。推奨されている開示項目は図表３－23のとおりとなります。ISSBでは具体的な事例の紹介が限定的であるため，こうしたTCFDのガイダンス開示推奨項目についても確認することで，自社の開示が利用者にとって十分かどうかを検討するうえで参考となるでしょう。

図表３-23 TCFDガイダンスにおいて推奨される研究開発投資に関連した情報開示

項目	区分	内容
1 自社が特定した将来のリスクや機会と関連付けた理由の説明	移行リスク	CO2の有効利用等，GHG削減に貢献する
	物理的リスク	異常気象等にかかる事業継続性（サプライチェーンの維持，エネルギーの安定供給等）や水の安定調達，食糧の安定供給等に資する
2 具体的な研究開発の説明		研究開発費総額
		テーマ別の予算配分
		当該技術の実用化によるアウトカム（収益への貢献，CO2削減量等）および研究開発とアウトカムの関係性の説明

➡ 投資家は企業の長期戦略とイノベーションに向けた取組みの方向性について確認することが可能となる

（出所）「気候関連財務情報開示に関するガイダンス3.0」よりEY整理

② 緩和や適応のための直接的・間接的な取組み

緩和や適応は，企業が気候変動に係るリスクや機会に対応するために行う各種取組みの総称です。気候変動緩和とは，２℃（あるいは1.5℃以下）未満のいわゆる低炭素経済に移行するための取組み，気候変動適応とは，４℃（気候変動対策が進まない場合に到達するといわれている地球の平均気温上昇幅）の

13 TCFDコンソーシアム，2022，「気候関連財務情報開示に関するガイダンス3.0」（TCFDガイダンス3.0）。

世界に対応するための取組みを指します。

図表３－24　緩和と適応

緩和	企業によるGHG排出量削減を意図した，主に気候変動の移行リスクに対する取組みのこと。例えば，GHG排出量を削減する新製品やサービスを導入するための新規技術開発など。
適応	主に気候変動の物理的リスクに備えて企業が実施する対応策のこと。例えば，災害の激甚化に備えてインフラ設備の強靭（きょうじん）化に投資することなど。

（出所）IFRS Basis for Conclusions on Climate-related Disclosures（2023）よりEY整理

気候変動の緩和や適応のために企業が行う取組みは図表３－25のとおり整理できます。これらの取組みは現在実施中のもの，および実施予定のものを含みます。なお，取組み例はCDP気候変動質問書の回答ガイダンス（2023）を参考にしています。

図表３－25　緩和・適応のための企業の取組み

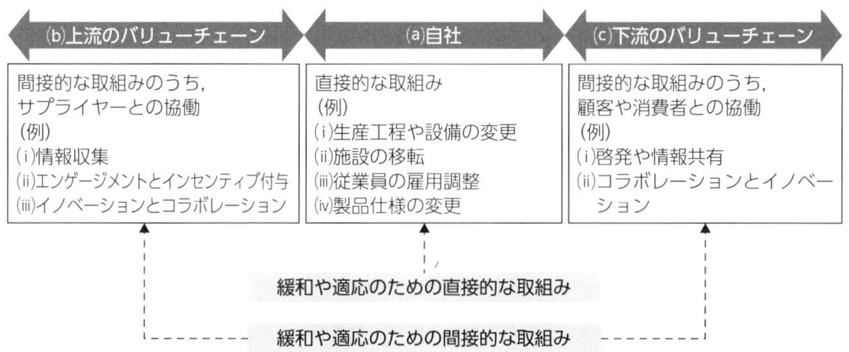

（出所）IFRS Sustainability Disclosure Standard S2 Climate-related Disclosures（2023）よりEY整理

(a)　自　　社

まず，自社で行う取組みで一般的なものは，エネルギーを再生可能エネルギーに転換するといった施策でしょう。

これに加えて，(i)生産工程や設備の変更では，生産工程の再設計や，省エネ対応の最新設備の導入により，製造過程におけるエネルギー消費量を削減します。

(ii)施設の移転は，気候変動により激甚化する災害に備えて，災害リスク（物理的リスク）の少ない地域に自社のオペレーション拠点を移転することです。

(iii)従業員の雇用調整は，気候変動対策の一環で構造改革が必要になる場合に行われる可能性もあります（参考）。

(iv)製品仕様の変更は，脱炭素経済や循環型経済に寄与する製品や，防災対策などのニーズに応える製品など，気候変動に伴う顧客の嗜好の変化を捕捉した製品の仕様変更を行うことを指します。

参 考　「Just Transition（公正な移行）」[14]

公正な移行とは，広義には，低炭素で環境的に持続可能な経済・社会への移行において，誰一人として取り残されたり，後塵を拝することのないようにするという概念です。もともとは，環境規制の適用・強化によって雇用の喪失に直面する労働者の擁護に端を発しましたが，影響を受ける地域社会やその他のステークホルダー，これらの人々の包括的で参加型の意思決定といった手続も含めた，さまざまな正義の概念を含むようになりました。気候変動に関する国連枠組条約（UNFCC），国際労働機関（ILO），世界自然保護基金（WWF），EUをはじめとする多くの機関が，公正な移行のガイドラインと原則を定めています。

IFRS S2は気候変動を取り扱った開示基準ですが，気候変動の社会的側面（例：「公正な移行」を含む）について，S2の規定の適用方法について企業の理解を向上させる目的で，教育的マテリアルを開発することをISSBは2023年７月の会議で暫定決定しています[15]。

14　United Nations, 2023, Committee for Development Policy “Just Transition”.

15　IFRS, 2023, “Staff paper Agenda reference: 9”
https://www.ifrs.org/content/dam/ifrs/meetings/2023/july/issb/ap9-researching-targeted-enhancements-to-issb-standards-path-forward-.pdf（アクセス日：2023年10月28日）

⒝　上流のバリューチェーン

上流のバリューチェーンにおける対策として，サプライヤーとの協働について検討します。取組み例としては，(i)情報収集，(ii)エンゲージメントとインセンティブ付与，(iii)イノベーションとコラボレーションなどが考えられるでしょう。

(i)　情報収集

定期的に取引先から，GHG排出量データ，削減目標，気候関連リスクと機会，気候移行計画等の情報を入手します。これにより，上流のバリューチェーンにおける気候関連リスクと機会についてより適切に把握することができるようになります。

(ii)　エンゲージメントとインセンティブ付与

サプライヤーに対して勉強会などの啓発活動を行います。取り上げるテーマとしては，気候変動全般に関する知識，再生可能エネルギー使用やSBT[16]設定のベストプラクティスなどがあるでしょう。また，再生可能エネルギーの調達方法について一緒に検討したり，特に優れた取組みを行っているサプライヤーについては（金銭的なインセンティブを含む）表彰制度を取り入れるといった手法もあります。

(iii)　イノベーションとコラボレーション

低炭素技術の研究開発にサプライヤーと共同投資を行うことも含め，イノベーションを奨励するキャンペーンを実施します。

16　SBT（Science Based Targets）：パリ協定が求める水準と整合した，企業が設定する温室効果ガス排出削減目標のこと。SBTでは，事業者自らの排出だけでなく，事業活動に関係するあらゆる排出を合計した排出量，サプライチェーン排出量の削減が求められる。SBTは，CDP，国連グローバルコンパクト（UNGC），世界資源研究所（WRI），世界自然保護基金（WWF）によって運営されている。企業はSBT運営事務局に要件を満たした目標の認定を受けることでSBT認定を受けていることを表明できる。SBT認定を受けた削減目標を設定していることでCDP質問書において加点されるなどのメリットがある。

(c) 下流のバリューチェーン

下流のバリューチェーンにおける対策として，顧客や消費者との協働について検討します。取組み例としては，(i)啓発と情報共有，(ii)コラボレーションとイノベーション，などが考えられるでしょう。

(i) 啓発と情報共有

顧客に対して自社の気候変動への取組みとその実績について情報の共有を行ったり，自社製品やサービスの使用によって顧客が得られる気候対策上のメリットなどについて啓発を行います。

(ii) コラボレーションとイノベーション

顧客からのインプットを参考に気候移行計画（下記参照）の見直しを行ったり，気候変動影響を削減するためのパートナーシップを組んだ活動を行います。

③ 移行計画と，その策定にあたっての前提や依存性

(a) 移行計画とは

まず，気候移行計画とは，温室効果ガスの排出削減などのアクションを含む，低炭素経済への移行に向けた企業の目標，アクション，またはリソースを示す，企業の全体的な戦略の側面，と定義されています［S2.Appendix A］。企業の気候移行計画の開示は，利用者が気候変動に関するリスクと機会が企業のキャッシュ・フロー，資金調達，資本コストに与える影響を評価するのに資するとISSBは考えています［S2.BC46］。

移行計画は，温室効果ガスの排出削減目標を示すだけでなく，その目標を達成するために企業が計画している具体的なアクション，移行リスクへの対応，低炭素経済に向けてどのように貢献するか，といった情報も含まれます。このような情報開示を行うには，企業は，自社のビジネスモデルや戦略に対する現在または今後の変更，気候変動の移行リスクへの対応状況を測るために使用するパフォーマンス指標などが含まれます［S2.BC48］。

参考　CDPの信頼できる気候移行計画の要素

CDPは，テクニカルレビューの結果，図表３－26に示した項目を信頼できる企業の気候移行計画の要素として特定し，その質問票回答において企業に積極的に開示することを推奨しています。IFRS S2の開示要求項目と完全に一致しない項目もありますが，自社の移行計画の開示が，利用者にとって有益な情報を提供できているかを判断するにあたっては，十分に参考となるでしょう。

図表３-26　信頼できる気候移行計画の要素

項　目	概　要
ガバナンス ■	組織が気候移行計画について取締役会レベルの監督を受け，計画の目標達成を確実にするための明確なガバナンスの仕組みがあることを示すものである
シナリオ分析 ■	気候移行計画は，潜在的な気候関連のリスクと機会を特定するために，しっかりとしたシナリオ分析によって裏付けられなければならない
財務計画 ■	ネットゼロを達成するための戦略の一環として，組織は，期限付きの財務計画の詳細を説明する必要がある。これには，Capital Expenditure（CAPEX），Operating Expenditure（OPEX），売上等が含まれる
バリューチェーン・エンゲージメント＆低炭素イニシアティブ ■	気候移行計画には，事業プロセス（およびバリューチェーン）の脱炭素化に向けた期限付きの行動と，期限付きのKPIを含めなければならない。これには以下の４つの要素が含まれる：(1)サプライチェーン・エンゲージメント，(2)顧客エンゲージメント，(3)低炭素製品・サービスのポートフォリオ拡大，(4)直接操業における排出量削減の取組み
ポリシー・エンゲージメント ■	気候移行計画は，組織の公共政策への働きかけが，組織の気候変動に対する野心的な目標や戦略と整合していることを示さなければならない
リスク＆機会 ■	気候移行計画は，特定された気候変動に関連するリスクを最小化し，機会を最大化するための組織のプロセスを説明するものでなければならない
目標 ■	気候移行計画には，最新の気候科学に整合した，期限付きで検証された科学的根拠に基づく目標を含めなければならない。組織は，2030年までに排出量を半減させる短期的なSBTを設定し，遅くとも2050年までにネットゼロという長期目標を設定する必要がある
検証付きのスコープ１，２，３排出量 ■	気候移行計画は，完全で，正確で，透明性・一貫性・関連性があり，第三者によって検証されたスコープ１，２，３の年次排出量インベントリを伴わなければならない

■：CDPとISSBの要求項目が概ね重なる。
■：CDPでは要求されるが，ISSBでは一部のみ要求される項目
■：CDPでは要求されるが，ISSBでは要求されていない項目
（出所）　CDPテクニカルノート「気候移行計画の報告」をもとにEY作成

(b) 移行計画策定にあたっての前提や依存性

企業の気候移行計画の信頼性を評価し，企業間での横比較を可能にするためには，気候移行計画の基盤となる前提と依存性について理解できる情報が必要であるとISSBは結論付けています［S2.BC52］。

よって，気候移行計画に関連して，図表3－27に示した追加の開示項目が設定されています。

図表3－27 前提と依存性

開示項目	内　容	具体例
前提 (Assumptions)	• 企業が起こり得ると予測し，気候移行計画に組み込む信念，期待，仮説，前提条件 • 前提は不確実な要素である	• 規制要件に関する期待 • 企業がバリューチェーン内で計画された変更を実施する能力
依存性 (Dependencies)	• 企業が移行計画を実現するために必要なクリティカルな要素や条件	• 温室効果ガスの排出目標を達成するために必要な排出除去技術 • 移行計画を実施するために必要な最低限の資源利用の可能性

（出所） IFRS Sustainability Disclosure Standard S2 Climate-related Disclosures (2023) およびBasis for Conclusions on Climate-related Disclosures (2023) よりEY整理

④ GHG排出量削減などの目標の達成計画

指標と目標に関する第33項～第36項に沿って企業が開示する気候変動に関連する目標（GHG排出量削減目標を含む）の達成方法について開示します。

IFRS S2は，「気候変動に関連する目標」と「GHG排出量削減目標」を明確に区別して定義しています［S2.BC51］。

ちなみに，ISSBは，上記の気候関連目標もGHG排出量削減目標も，企業に対して設定することを必須として要求していません。企業がいずれかあるいは両方の目標を設定しているケースには，第33項～第36項に基づき情報開示を行うことを要求しています。

図表３-28　気候関連目標とGHG排出量削減目標

目標の種類	定　義	例
気候関連目標	• 企業が気候関連のリスクや機会に対応するために設定した目標	• 第29項に概説されている業種横断的な指標を参照する目標 • 業種別ガイダンスに含まれる指標を参照する目標
GHG排出削減量目標	• 上記，気候関連目標の一例	• 企業が設定したGHG排出量削減目標 • 上記に加えて，該当する場合には，法律や規制によって企業が達成することが義務付けられているGHG排出量削減目標

（出所） IFRS Sustainability Disclosure Standard S2 Climate-related Disclosures（2023）およびBasis for Conclusions on Climate-related Disclosures（2023）よりEY整理

5　開示要求の解説「財務的影響」

(1)　気候関連のリスクと機会に関する財務的影響の開示

本項では，気候関連のリスクと機会が企業の財務状態，財務業績，キャッシュ・フローに与える影響について開示します。開示が求められる項目は図表３－29のとおりです。

図表3－29 気候関連リスクと機会の財務的影響の開示

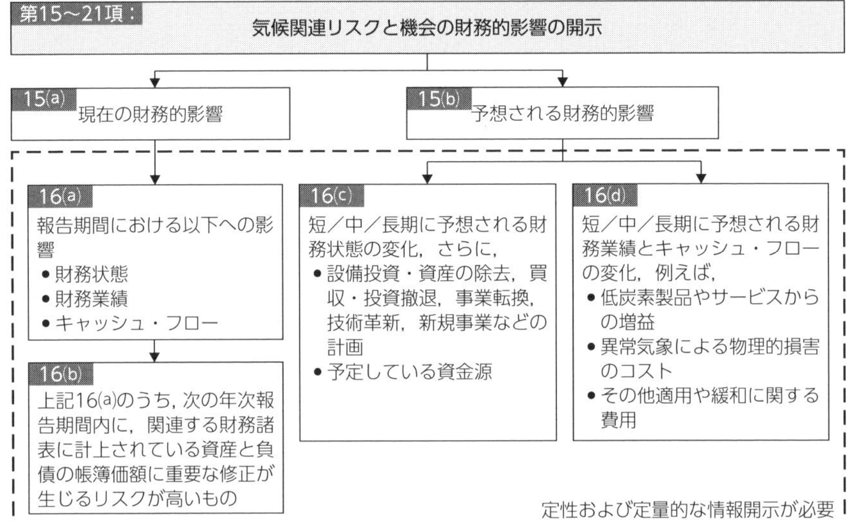

（出所） IFRS Sustainability Disclosure Standard S2 Climate-related Disclosures（2023）よりEY整理

(2) 財務的影響の開示例

図表3－30は，気候関連の財務的影響のうち，資産に関連した影響の事例です。IFRS S2では気候関連のさまざまな影響を財務諸表と関連付けて説明することが求められます。

図表3－30 財務状態の開示例

カテゴリと定義	気候に関わる事項	潜在的な財務的影響の例	理論的根拠と例示的な指標
有形固定資産 土地，設備，施設，引当金，現金等	気候関連のリスクと機会の結果として，組織の資産価値の変動，資産の買収または売却	+/－ 排出量・エネルギー・水原単位に基づく資産価値，カーボンプライス，需要 － 排出量・エネルギー・水原単位による既存資産の減価償却／期限前資産除去 － 気象事業およびその他	• 気候変動，特に低炭素経済への移行は，組織が排出量，エネルギー，水，土地利用に関してどのように位置付けられているかに応じて，組織の資産価値に影響（プラスやマイナスのいずれかの）を及ぼす可能性がある。 指標の例： • 沿岸地域または洪水域にある資産の価値と価値の割合

		の急性・慢性の物理的気候影響による資産の物理的な損傷または減損	●関連する現在または将来の潜在排出量（CO2換算メガトン），水原単位，エネルギーの原単位による資産の内訳
無形固定資産 ブランド，著作権，のれん	気候関連のリスクと機会のマネジメントに関する認識の結果としての組織の評判の変化	+/−　ブランド価値 +/−　著作権の価値 −　生産能力の削減または中断（例：停止，計画遅延の承認，サプライチェーンの中断） −　労働力マネジメントへの影響（例：従業員の獲得と定着）	●組織が低炭素経済への移行を計画し投資する方法は，組織と関連する認識にプラスやマイナスの影響を及ぼし，将来の収益力，市場評価，従業員との関係，規制当局および顧客との関係に影響を及ぼす可能性がある。気候関連のリスクや機会も，技術特許や著作権の価値にプラスやマイナスの影響を与える可能性がある。

（出所）「気候関連財務情報開示タスクフォースの提言の実施」2021年10月版よりEY整理

⑶　財務的影響の開示における特別な考慮

気候関連のリスクと機会の財務的影響の開示には悩まれている企業も多いのではないでしょうか。ISSBも，グローバルベースラインとしてのISSB基準準拠に向けた企業の準備をよりスピードアップさせるために，財務的影響については下記の①～③の取扱いについて容認しています。

①　金額を範囲で開示

企業が現在の，または予想される財務的影響について定量的な開示を行う場合には，単一の金額または金額を範囲で開示することができるとしています[S2.17]。これにより，不確実性を伴う財務的影響についても，最小金額と最大金額を開示し，一定程度の幅を持たせた開示が可能となります。

②　プロポーショナリティ

「プロポーショナリティ（Proportionality）」とは，ISSB基準の最終化にあたって特定の開示要求事項に関して導入された考え方です。プロポーショナリティ（企業の成熟度に比例した規定の原則）は，新興国の企業や中小企業など，経営資源が限られた企業への配慮として，今回の基準公表に併せてISSBが導

図表3-31 財務的影響の開示に関して企業が活用可能な取扱い

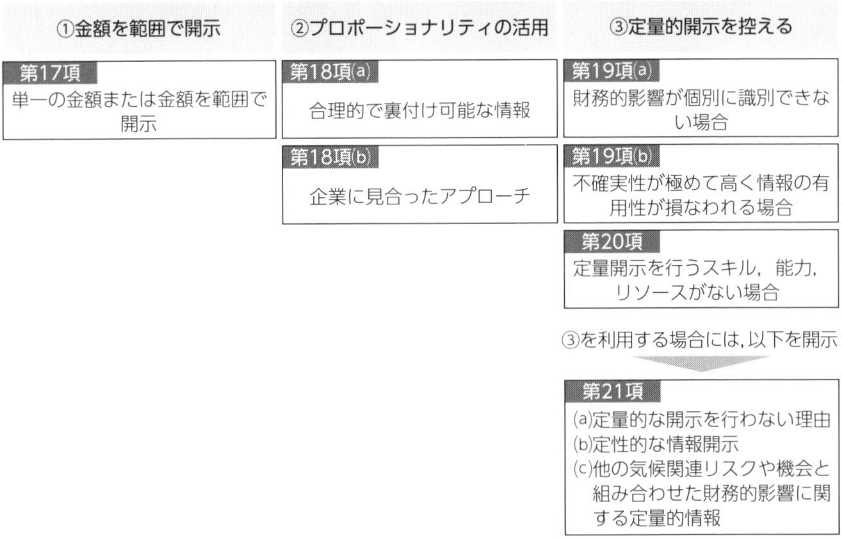

①金額を範囲で開示	②プロポーショナリティの活用	③定量的開示を控える
第17項 単一の金額または金額を範囲で開示	第18項(a) 合理的で裏付け可能な情報	第19項(a) 財務的影響が個別に識別できない場合
	第18項(b) 企業に見合ったアプローチ	第19項(b) 不確実性が極めて高く情報の有用性が損なわれる場合
		第20項 定量開示を行うスキル，能力，リソースがない場合

③を利用する場合には，以下を開示

第21項
(a)定量的な開示を行わない理由
(b)定性的な情報開示
(c)他の気候関連リスクや機会と組み合わせた財務的影響に関する定量的情報

認められる取扱い	財務的影響のタイプ	
	現在の影響	将来の影響
第17項（①範囲で開示）	○	○
第18項（②プロポーショナリティ）	×	○
第19項（③開示を控える）	○	○
第20項（③開示を控える）	×	○

(出所) IFRS Sustainability Disclosure Standard S2 Climate-related Disclosures (2023) およびBasis for Conclusions on Climate related Disclosures (2023) よりEY整理

入しました。なお，財務的影響の開示については上表のとおり，現在の影響と，将来の影響とで認められる取扱いの種別が異なることに留意が必要です。

参考　**プロポーショナリティの背景［S2.BC14］**

ISSBでは，コンサルテーションにおけるステークホルダーからの図表３－32の３点についてのフィードバックを中心に，企業の「能力（Capabilities）と備え（Preparedness）」について考慮し，プロポーショナリティを導入しました。

図表３-32　プロポーショナリティの背景

項　目	概　　要
リソースの制約	一部の企業にとっては，開示を可能にするために必要なシステムやプロセスへの投資と運用のコストが比例して高くなるという点
データの入手可能性	一部の市場，セクター，バリューチェーンでは，質の高い外部データの入手が困難であるという点
専門家の利用可能性	一部の企業や市場では，スキルや専門知識の利用可能性が低いという点

（出所）　Basis for Conclusions on Climate-related Disclosures（2023）よりEY整理

S2基準第15項の予想される財務的影響の開示において，このプロポーショナリティの考え方に基づくアプローチが容認されています。

■第18項(a)　過大なコストや労力をかけずに報告日に利用可能な，合理的で裏付け可能な情報

気候関連のリスクと機会の予想される財務的影響の開示について，過大なコストや労力をかけずに報告日に利用可能な，合理的で裏付け可能な情報を用いること（以下「合理的で裏付け可能な情報」という）とされています［S2.18(a)］。

この「合理的で裏付け可能な情報」という概念は，企業が測定や結果の不確実性が高い開示要求事項を適用する際の助けとなることを意図してISSBが導入したものです。経営資源が限られた企業にとって，情報入手にかかるコストが，経営資源に制限の少ない企業よりも高くなる可能性を踏まえて，資源に制約のある企業は，その情報が合理的で裏付け可能な場合に限り，入手コストがより低い情報を用いて開示を作成することを可能としています。

比較的，経営資源の制約の少ない企業であったとしても，取引先企業などが新興国の企業や中小企業であるといったケースでは，合理的で裏付け可能な情報を利用する可能性が高くなります。合理的で裏付け可能な情報には，過去の出来事，現在の状況，将来の状況の予測に関する情報が含まれ，さらには，定量的または定性的な情報，外部ソースから入手した情報，内部で所有または開発した情報も含まれます［S2.B9］。実務上の運用については今後検討を重ねていく余地がありますが，合理的で裏付け可能な情報の運用方針を社内で検討・決定し，その方針に沿って情報の取得を行っていくという進め方が想定されます。

■第18項(b)　企業にとって利用可能なスキルや能力，リソースに見合ったアプローチ

気候関連のリスクと機会の予想される財務的影響の開示について，利用可能なスキルや能力，リソースに見合ったアプローチに基づき情報開示を行う，とされています［S2.18(b)］。

これは，上記第18項(a)と同様に，一部の経営資源の制約がある企業の存在を念頭に導入されたプロポーショナリティのもう１つの考え方です。

③　定量開示を控える

現在の，または予想される財務的影響を個別に識別できないと判断される場合［S2.19(a)］，現在の，または予想される財務的影響を見積る際の測定の不確実性のレベルが非常に高く，その結果として得られる定量的情報が有用でないと判断される場合［S2.19(b)］には，財務的影響の定量的な開示を行う必要がない旨が示されています。

さらに，スキルや能力，リソースが不足している企業については，気候関連のリスクと機会の予想される財務的影響の開示において，定量的情報を開示しなくてもよい［S2.20］と記載されています。

もし企業がこの取扱いを活用し，定量的な情報開示を控える場合には，追加

で図表３－33の３点について開示が求められますので，留意が必要です。

図表３－33　定量的な情報開示を控える場合に必要となる追加の開示（点線枠内の開示）

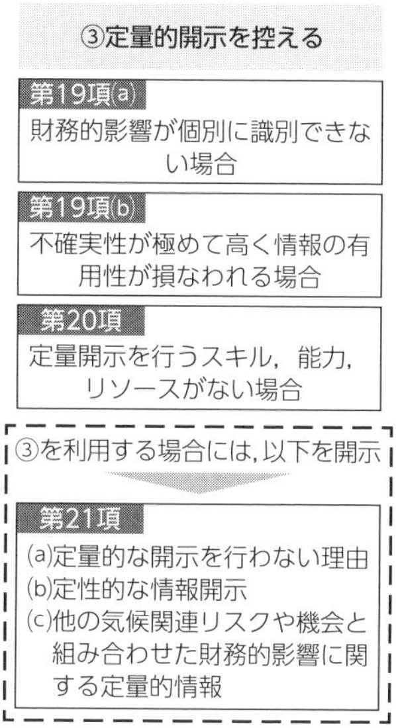

第21項(a)

上述の第19項や第20項に基づき，定量的な情報開示を行わない理由について説明することが求められます。

第21項(b)

金額を定量的に開示する必要はありませんが，気候変動に関連するリスクまたは機会によって影響を受ける可能性のある，または影響を受けた可能性のある財務諸表内の費目，合計および小計の特定を含め，財務的影響に関する定性的情報を開示する必要があります。

第21項(c)

他の気候変動に関連するリスクや機会と組み合わせた場合の財務的な影響について，定量的情報を提供することが要求されています。しかし，組み合わせて算定した定量的な情報が利用者にとって有用でないと判断した場合にはその限りではありません。

6　開示要求の解説「レジリエンス」

(1)　企業の戦略とビジネスモデルの気候変動に対するレジリエンス

本項では，企業は，シナリオ分析結果に基づき，自社の戦略とビジネスモデルの気候変動に対するレジリエンスを評価し，シナリオ分析の内容とともに開示します。具体的な開示の内容は図表３－34のとおりです。

なお，レジリエンスとは，気候関連のリスクを管理し，気候関連の機会を享受することも含めた，気候変動に関連した変化・進展・不確実性に適応するための企業の能力，と定義されています［S2.Appendix A］。

図表3-34　気候レジリエンスの開示

第22項
気候レジリエンスの開示

22(a)：気候レジリエンスの評価結果

(i)気候関連シナリオ分析で特定された影響への対応の必要性など，気候レジリエンス評価結果の戦略とビジネスモデルへのインプリケーション

(ii)気候レジリエンスの評価において考慮された重要な不確実性の領域

(iii)短／中／長期における戦略とビジネスモデルの気候変動への対応能力，および
(1)既存の財務リソースの利用可能性と柔軟性
(2)既存資産の活用，アップグレード，廃止の可能性
(3)気候緩和・適応のための現在のおよび将来の投資への影響

22(b)：実施したシナリオ分析の詳細

(i)分析で使用したインプット	(ii)分析における主要な仮定
(1)分析に使用したシナリオと出典	(1)管轄区域における気候関連の政策
(2)複数シナリオを使用したかどうか	(2)マクロ経済動向
(3)シナリオは移行リスクあるいは物理的リスクに関連しているか	(3)国や地域差 (例：気象パターン，人口動態など)
(4)最新の気候変動の国際的な合意に沿ったシナリオかどうか	(4)エネルギー使用と構成
(5)使用したシナリオを選定した理由	(5)テクノロジー
(6)シナリオ分析の時間軸	
(7)分析対象とした業務範囲 (例：ロケーションや事業部など)	

(iii)シナリオ分析を実施したタイミング

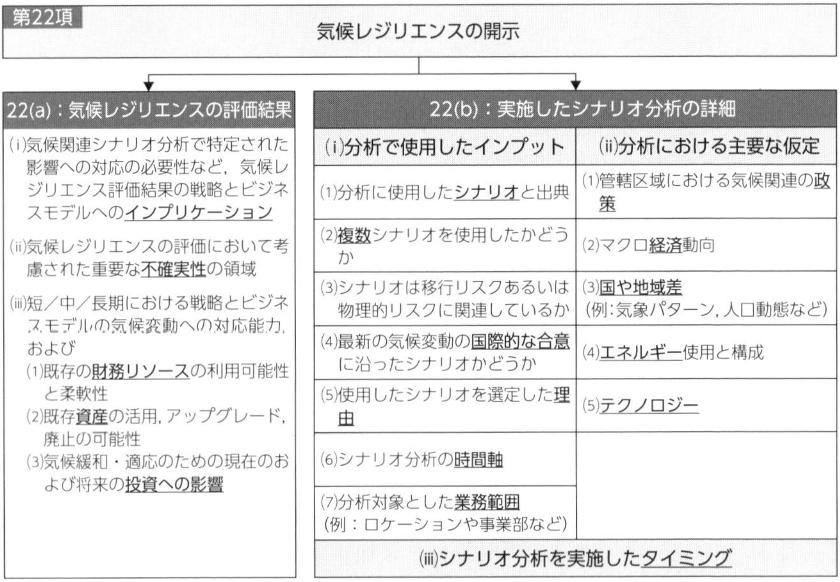

(出所)　IFRS Sustainability Disclosure Standard S2 Climate-related Disclosures (2023) よりEY整理

IFRS S2の要求事項は，「レジリエンスの評価」と「シナリオ分析」の概念を図表３－35のとおり区別しています［S2.BC59］。

図表３-35　IFRS S2第22項　気候レジリエンスの開示における区別

	第22項(a)レジリエンスの評価	第22項(b)シナリオ分析
概念	以下に関する<u>経営者の評価</u>： • さまざまな，もっともらしいものの不確実性のある気候関連の結果 • 企業のビジネス・モデルおよび戦略に対する影響（インプリケーション） • 企業の適応または対応する能力	• 左記の経営者の評価に情報をもたらすために用いられる分析上の<u>作業</u>
実施	• 気候レジリエンスは<u>毎年</u>評価する	• 分析作業は複数年の戦略計画サイクル（例えば，３年から５年ごと）に沿って実施することが容認される • 分析作業は戦略計画サイクルに沿って最低限アップデートしなければならない
情報開示	• 毎年アップデートされた情報を毎年開示する	• 毎年開示する（ただし，分析が実施されていない場合，開示する情報が，過去の報告期間から変更されないことがある）

（出所） IFRS Sustainability Disclosure Standard S2 Climate-related Disclosures（2023）およびBasis for Conclusions on Climate-related Disclosures（2023）よりEY整理

(2)　シナリオ分析ガイダンス

本項におけるシナリオ分析の実施については，上述したプロポーショナリティの①合理的で裏付け可能な情報および②企業にとって利用可能なスキルや能力，リソースに見合ったアプローチの検討対象となっており，IFRS S2付録B適用ガイダンスのＢ１項～Ｂ18項の内容と併せて検討する必要があります。

図表3-36 付録B（シナリオ分析に関連するB1項～B18項の構成）

B1～B18：気候レジリエンス評価のためのシナリオ分析に関するガイダンス

① B2～B7：企業の状況の評価	② B8～B15：シナリオ分析の適切なアプローチの決定	③ B16～B18：その他追加的に考慮すべき事項
B2：状況評価についてのガイダンスの説明	B8：適切なアプローチ決定についてのガイダンスの説明	B16：評価実施タイミングについて追加で考慮すべき事項
B3：状況評価を実施するタイミング	B9：合理的で裏付け可能な情報の説明	B17：企業固有の事情について追加で考慮すべき事項
B4～B5：企業の気候関連のリスクと機会へのエクスポージャー	B10：企業による判断を行う必要性の説明	B18：第22項(a)に関連して追加で考慮すべき事項
B6～B7：企業が利用可能なスキル，能力，リソース	B11～B13：シナリオ分析で使用するインプットの選定	
	B14～B15：シナリオ分析における分析的選択の実施	

（出所）IFRS Sustainability Disclosure Standard S2 Climate-related Disclosures（2023）よりEY整理

⑶ その他考慮すべきこと

① 財務的影響とレジリエンスの開示の違い

ISSBは，財務的影響（第15項）とレジリエンス（第22項，前述）は，それぞれ異なる開示の目的があるとして，その違いを図表3－37のとおり明確に示しています。

これは，2つの開示について，いずれかの開示をもう一方の開示によって代替し，省略するということが可能という意味ではありませんが，上記のレジリエンスの評価は現在の，および予想される財務的影響の開示に反映させることができ，現在の，および予想される財務的影響の開示もまたレジリエンスの評価において反映させることができると述べられています［S2.BC56］。

図表３-37　財務的影響とレジリエンスの違い

IFRS S2 パラグラフ	開示要求	開示の目的
15	気候関連のリスクと機会の現在の，および予想される財務的影響	気候変動に関連するリスクと機会が企業の財務パフォーマンス，ポジション，キャッシュ・フローに及ぼす影響について利用者に伝えるための開示
22	企業の戦略とビジネスモデルの気候変動に対するレジリエンス	気候変動に関連するリスクや不確実性の影響に対処し，それに耐えうる企業の能力について利用者に伝えるための開示

（出所）IFRS Sustainability Disclosure Standard S2 Climate-related Disclosures（2023）およびBasis for Conclusions on Climate-related Disclosures（2023）よりEY整理

第3節 リスク管理

1 目　　的

「リスク管理」では，気候変動に関連するリスクと機会を特定，評価，優先順位付け，モニタリングするための企業のプロセスを開示します［S2.24］。

図表3-38 「リスク管理」の具体的な開示要求項目

第25項(a)
気候関連リスクを特定，評価，優先順位付け，モニタリングするために使用するプロセスと関連する方針
(i)インプットとパラメータ（例：データソース，事業拠点や事業部門などの業務範囲）
(ii)気候関連リスクの識別におけるシナリオ分析の使用の有無，使用方法
(iii)気候関連リスクの性質，発生可能性，規模の評価方法（例：定性，定量，閾値，規準）
(iv)その他のリスクと比較した，気候関連リスクの優先度合い
(v)気候関連リスクのモニタリング方法
(vi)上記プロセスにおける前年度からの変更点の有無

第25項(b)
気候関連の機会を特定し，評価し，優先順位を付け，モニタリングするために，企業が用いるプロセス（気候変動に関連する機会を特定するために，シナリオ分析を用いるかどうか，またどのように用いるかについての情報を含む）。

第25項(c)
気候変動に関連するリスクと機会を特定，評価，優先順位付け，モニタリングするためのプロセスが，企業の全社的なリスクマネジメントにどの程度組み込まれ，またどのように反映されているか。

（出所） IFRS Sustainability Disclosure Standard S2 Climate-related Disclosures (2023) およびBasis for Conclusions on Climate-related Disclosures (2023) よりEY整理

着目すべきは，気候関連リスクに加えて，機会もリスク管理のプロセスの対象となっていることです［S2.25(b)］。また，公開草案からの変更点としては，フィードバックで気候関連リスクと機会の識別と評価におけるシナリオ分析の有用性が指摘されたことを受けて，企業のシナリオ分析の活用についての開示要求項目［S2.25(a)(ii)］が追加されています。さらに，こうした気候関連リスクと機会に係るプロセスが，企業の全社的リスクマネジメントにどの程度，どのように組み込まれているかについても開示が必要となります［S2.25(c)］。

TCFDは，「リスクマネジメント及び統合・開示ガイダンス」（以下「TCFDリスクマネジメントガイダンス」という）を発表し，気候関連リスク管理と，企業の全社的リスクマネジメントとの統合についての解説や開示事例紹介を行いました[17]。しかし，最新のTCFDステータスレポートにおいて，企業の気候関連リスク管理の開示は，リスク管理プロセスや，全社的リスク管理体制への統合の面において，徐々に改善がみられるものの，依然として開示のレベルが低いことが報告されています[18]。ISSB開示においても，リスク管理の項は多くの企業にとって開示が悩ましい項目になると拝察されます。

そこで，以下では，気候変動に関連するリスク管理（機会も含む）において，企業は何を行い，何を開示すべきかについて解説しますが，企業のリスク管理とはそもそも何か，そして，企業のリスク管理における気候関連リスク（機会）の特殊性についてまずは説明します。

2　企業のリスク管理とは

企業のリスク管理について理解するうえで押さえておくべきなのは，トレッドウェイ委員会支援組織委員会（COSO）の全社的リスクマネジメント（ERM）フレームワークです。この中で，ERMは「組織が価値を創造し，維持し，及び実現する過程において，リスクを管理するために依拠する，戦略策定並びにパフォーマンスと統合されたカルチャー，能力，実務」と定義されています。

このERMフレームワークは，取締役会および経営陣がリスクを特定し，それらのリスクをリスク選好度の範囲内で管理し，目標の達成を支援するための

17　TCFD, 2020, Guidance on Risk Management Integration and Disclosure
18　TCFD, 2022, Status Report

もので，図表３－39に示す５つの要素で構成されています。

図表３-39 COSO ERMフレームワーク

① ガバナンスとカルチャー		
●取締役会によるリスクモニタリングを行う ●業務構造を確立する ●望ましいカルチャーを定義する ●コアバリューに対するコミットメントを表明する ●有能な人材を引き付け，育成し，保持する		
② 戦略の目標設定	③ パフォーマンス	④ レビューと修正
●事業環境を分析する ●リスク選好を定義する ●代替戦略を評価する ●事業目標を組み立てる	●リスクを識別する ●リスクの重大度を評価する ●リスクの優先順位付けをする ●リスク対応を実施する ●ポートフォリオの視点を策定する	●重大な変化を評価する ●リスクとパフォーマンスをレビューする ●全社的リスクマネジメントの改善を追求する
⑤ 情報，伝達および報告		
●情報とテクノロジーを有効活用する ●リスク情報を伝達する ●リスク，カルチャーおよびパフォーマンスについて報告する		

(出所) COSO/WBCSD「全社的リスクマネジメントの環境・社会・ガバナンス関連リスクへの適用エグゼクティブサマリー」よりEY作成

すでに読者の方は，上図の③パフォーマンスの「リスクを識別する」，「リスクの重大度を評価する」，「リスクの優先順位付けをする」が，IFRS S2のリスク管理の開示要求項目（特にS2.25(a)）に密接にかかわっていることにお気づきかと思います。これらのERMにおける実施事項とISSB開示要求項目の関連性については後述します。

上述のTCFDリスクマネジメントガイダンスは，このCOSOのERMフレームワークを参照する形式で，図表３－40の４つのステップに沿って，全社的リスクマネジメントに気候関連リスク（機会）管理を統合していくことを提唱しています。

TCFDは，この４つのステップについて，厳密な順序付けではなく，反復的なものであると捉えること，また気候関連リスク管理の全社的リスクマネジメントへの統合においては取締役と経営者からの協力が不可欠であることに言及しています[19]。

図表３-40 気候関連リスク管理の全社的リスクマネジメントへの統合ステップ

1	気候変動およびそのインパクトの概要に関する全社的な理解の担保
2	気候関連リスクの統合のために修正されるリスクマネジメントのプロセスと要素，ならびに関連する役職や部署の特定
3	企業で現在用いられているリスク分類やリスク一覧への気候関連リスクの統合（気候関連リスクの既存のリスクカテゴリーやタイプへのマッピングを含む）
4	上記ステップで得られた情報および気候関連リスクの特徴に基づく既存のリスクマネジメントのプロセスおよび主要要素の適応

（出所）TCFD「リスクマネジメント及び統合・開示ガイダンス」（2020）よりEY作成

3　リスク管理における気候関連リスクの特殊性

気候変動の影響は，気温上昇に止まらず，多くの社会・経済的インパクトをもたらします。例えば，気候変動に関する政府間パネル（IPCC）[20]が定期報告書の中で使用する気候シナリオは複数あり，そのシナリオごとに異なる温度帯とそれに伴い発現することが想定される社会・経済的インパクトが設定されています。

19　TCFD, 2020, Guidance on Risk Management Integration and Disclosure
20　世界気象機関（WMO）および国連環境計画（UNEP）により1988年に設立された政府間組織で，195の国と地域が参加。世界中の科学者の協力の下，出版された文献（科学誌に掲載された論文等）に基づいて定期的に報告書を作成し，各国政府に気候変動に関する最新の科学的知見の評価を提供することを目的とした組織。

図表3-41 IPCC1850〜1900年を基準とした世界平均気温の変化

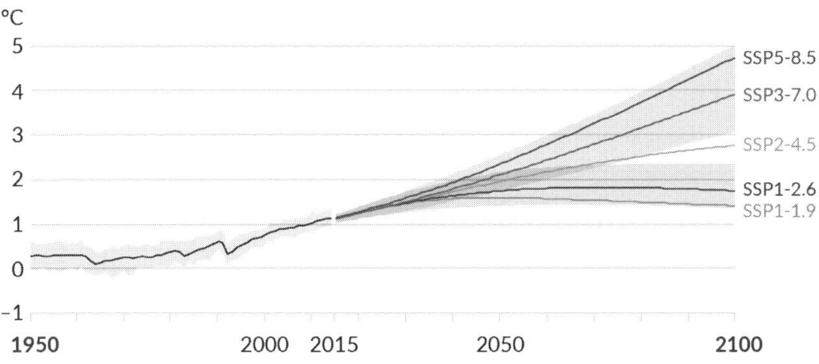

(出所) IPCC, 2022: Summary for Policymakers [H.-O. Pörtner, D.C. Roberts, E.S. Poloczanska, K. Mintenbeck, M. Tignor, A. Alegría, M. Craig, S. Langsdorf, S. Löschke, V. Möller, A. Okem (eds.)]. In: Climate Change 2022: Impacts, Adaptation, and Vulnerability. Contribution of Working Group II to the Sixth Assessment Report of the Intergovernmental Panel on Climate Change [H.-O. Pörtner, D.C. Roberts, M. Tignor, E.S. Poloczanska, K. Mintenbeck, A. Alegría, M. Craig, S. Langsdorf, S. Löschke, V. Möller, A. Okem, B. Rama (eds.)]. Cambridge University Press, Cambridge, UK and New York, NY, USA, pp. 3-33, doi:10.1017/9781009325844.001.

(参考) https://www.ipcc.ch/report/ar6/wg2/about/how-to-cite-this-report/

図表3-42 上記のグラフで使用されているシナリオの概要

シナリオ	シナリオの概要	2100年に可能性が非常に高いとされる温度帯(℃)	近似するRCPシナリオ
SSP5-8.5	化石燃料依存型の発展の下で，気候政策を導入しない最大排出量シナリオ	3.3〜5.7	RCP8.5
SSP3-7.0	地域対立的な発展の下で，気候政策を導入しないシナリオ	2.8〜4.6	RCP6.0とRCP 8.5の間
SSP2-4.5	中道的な発展の下で気候政策を導入 • 2030年までの各国の「自国決定貢献(NDC)」を集計した排出量の上限にほぼ位置する。 • 産業革命前に比べ2100年までの世界の平均気温上昇は約2.7℃（最良推定値）となる。	2.1〜3.5	RCP4.5 (2050年まではRCP 6.0にも近い)

SSP1-2.6	持続可能な発展の下で，気温上昇を２℃未満に抑える • 産業革命前に比べ2100年までに世界の平均気温を２℃未満に抑える政策を導入 • 21世紀後半にネットゼロを実現する見込み	1.3～2.4	RCP2.6
SSP1-1.9	持続可能な発展の下で，気温上昇を1.5℃以下に抑える • 産業革命前に比べ2100年までに世界の平均気温を1.5℃以下に抑える政策を導入 • 2050年頃にネットゼロを実現する見込み	1.0～1.8	該当なし

※　SSP（Shared Socio-economic Pathways），共有社会経済経路とは，2022年に公表されたIPCCの第６次報告書で使用されたシナリオである。第５次報告書のインプットとなったRCP（Representative Concentration Pathways）の放射強制力（気候変動を引き起こす源）に，将来の社会経済の発展の傾向（例：人口，経済成長など）を組み合わせた。
　ちなみに，気候変動の予測を行うためには，放射強制力をもたらす温室効果ガスや大気汚染物質の排出量，土地利用形態の分布などが将来どのように変化するかを仮定する必要がある。2013～2014年にかけて公表されたIPCC第５次報告書では，温室効果ガスが将来安定化する大気中濃度のレベルとそこに至るまでの経路を仮定した代表的濃度経路（RCP）シナリオが使用された。RCPには，RCP2.6，RCP4.5，RCP6.0，RCP8.5の４つがあり，RCPに続く数値は2100年頃のおおよその放射強制力（単位：W/m2，ワット毎平方メートル）を表す。

（出所）　気象庁「気候変動に関する政府間パネル（IPCC）」気象庁ホームページ　https://www.jma.go.jp/jma/kishou/info/coment.html（アクセス日：2023年11月22日）

このように，気候変動が短期的にも長期的にも広範な影響を及ぼすことを考えると，関連するリスクを評価するには，複雑な変数と関連性を扱う必要があり，その多くは異なる時間的・空間的スケールで作用します。気候変動に関連するリスクを企業の既存のリスク管理プロセスに組み込むうえでは，こうした気候関連リスクの特性を考慮することが重要となります。

図表３-43　リスク管理プロセスの検討において考慮が必要な気候関連リスクの特性

特　徴	概　　要
地域や活動により異なる	気候関連リスクの影響は，事業，製品・サービス，市場，事業運営，バリューチェーンなどにそれぞれ異なる影響を及ぼしながら，ローカル，リージョナル，グローバルなスケールで発生する。
長い時間軸と長期にわたる影響	一部の気候変動のリスクの影響の顕在化には，伝統的な経営計画や投資サイクルを超過する時間軸で起きるものもある。

新規性と不確実性	気候変動の影響のほとんどは前例がなく，過去データに基づく統計的分析あるいはトレンド分析が困難。不確実でダイナミックな現象に対して，これまでにない対応が求められるかもしれない。
変化するマグニチュードと線形の展開	気候関連のリスクは将来にわたって，その深刻さや大きさが増加する可能性がある。
複雑な関係性とシステミックな影響	気候変動リスクは，社会経済と金融システムと相互に係わり合っている。多面的な視点から自社へのインプリケーションを見極める必要がある。

（出所） TCFD「リスクマネジメント及び統合・開示ガイダンス」（2020）よりEY整理

4 ERMにおける実施事項とISSB開示要求項目の関連性

図表3-44 COSO ERMフレームワーク（再掲）

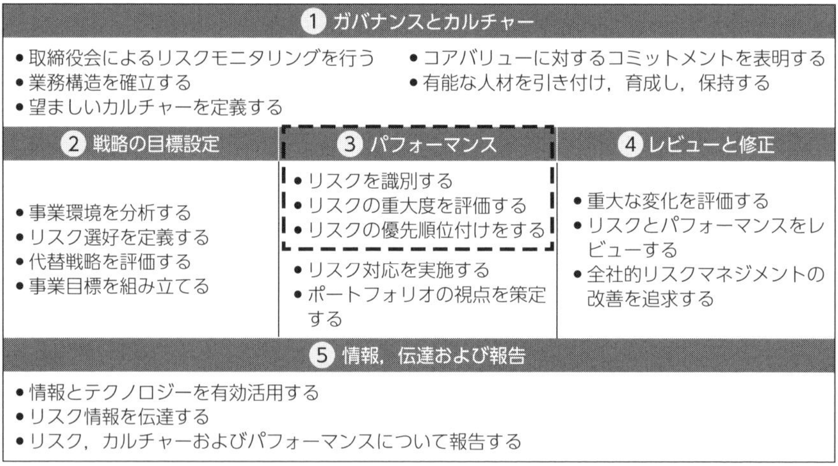

① ガバナンスとカルチャー
- 取締役会によるリスクモニタリングを行う
- 業務構造を確立する
- 望ましいカルチャーを定義する
- コアバリューに対するコミットメントを表明する
- 有能な人材を引き付け，育成し，保持する

② 戦略の目標設定	③ パフォーマンス	④ レビューと修正
・事業環境を分析する ・リスク選好を定義する ・代替戦略を評価する ・事業目標を組み立てる	・リスクを識別する ・リスクの重大度を評価する ・リスクの優先順位付けをする ・リスク対応を実施する ・ポートフォリオの視点を策定する	・重大な変化を評価する ・リスクとパフォーマンスをレビューする ・全社的リスクマネジメントの改善を追求する

⑤ 情報，伝達および報告
- 情報とテクノロジーを有効活用する
- リスク情報を伝達する
- リスク，カルチャーおよびパフォーマンスについて報告する

（出所） COSO/WBCSD「全社的リスクマネジメントの環境・社会・ガバナンス関連リスクへの適用エグゼクティブサマリー」よりEY作成

企業のERM検討事項は上図のとおり，ガバナンス体制の構築からレポーティングまで広範にわたっています。以下では，上図の③パフォーマンスの「リスクを識別する」，「リスクの重大度を評価する」，「リスクの優先順位付けをする」を中心に解説します。

図表３-45 ERM検討事項とIFRS S2開示要求項目のつながり

COSO ERMフレームワーク
③ パフォーマンス
a リスクを識別する
b リスクの重大度を評価する
c リスクの優先順位付けをする

IFRS S2 第25項(a)	
気候関連リスクを特定，評価，優先順位付け，モニタリングするために使用するプロセスと関連する方針	
ⓐⓑⓒ	(i)インプットとパラメータ（例：データソース，事業拠点や事業部門などの業務範囲）
ⓐ	(ii)気候関連リスクの識別におけるシナリオ分析の使用の有無，使用方法
ⓑ	(iii)気候関連リスクの性質，発生可能性，規模の評価方法（例：定性，定量，閾値，規準）
ⓒ	(iv)その他のリスクと比較した，気候関連リスクの優先度合い
ⓐⓑⓒ	(v)気候関連リスクのモニタリング方法
ⓐⓑⓒ	(vi)上記プロセスにおける前年度からの変更点の有無

（出所）COSO/WBCSD「全社的リスクマネジメントの環境・社会・ガバナンス関連リスクへの適用エグゼクティブサマリー」およびIFRS S2よりEY作成

(1) リスクを識別する

図表３－46は，リスク識別におけるアプローチの一例です。

図表３-46 リスク識別のアプローチ

アプローチ	概　　要	気候関連リスクへの活用方法
Delphi法	専門家から情報や意見を引き出すための構造化されたコミュニケーション手法	ビジネスリーダー，保険数理人，保険会社，気象学者，海洋学者，気候・大気科学者などから専門家の意見を聴取する。
経済シナリオジェネレータ	リスク要因に基づいて経済や金融市場の将来起こり得る状態をシミュレートするモデル。リスク要因に基づいて経済や金融市場の将来の状態をシミュレートし，予期せぬがもっともらしい結果を特定する。	評価モデルを，想定される幅広い経済的・財政的条件のもとでテストする（例：気候変動や社会経済的要因を考慮する）。
ハザードマップ	一次災害の発生頻度，重大度，場所に関するパラメータ，および二次災害との依存関係に関する仮定を用いた，危険の程度または重大度に関する場所レベルの情報。	気候変動による影響を考慮した，現在および将来の潜在的な状態に基づく危険事象のシナリオを提示する。

カタストロフィーモデル	自然災害を定義する物理的パラメータ（例：風速）と被曝の特性（例：場所）の深い理解に基づく確率論的モデル。	自然災害による潜在的損失の見積り
ステークホルダーエンゲージメント	意思決定の影響を受ける可能性のある関係者，または意思決定に役立つ知識を持つ関係者から，意思決定のための意見を得る手段。	気候変動リスクに関連する状況の変化や潜在的な影響について，フィードバックを提供できる，企業内外のさまざまな利害関係者（経営幹部，サプライヤーなど）からの洞察を求める。

（出所） TCFD「リスクマネジメント及び統合・開示ガイダンス」（2020）よりEY整理

また，上述した気候関連リスクの特殊性を踏まえ，シナリオ分析の有用性もISSBにおいて指摘されています。シナリオ分析は不確実性のもとで潜在的な影響を識別・評価する手法で，気候変動に関連するリスクと機会が長期的に企業にどのような影響を与える可能性があるのかを探り，理解を深めるのに役立ちます。例えば，あるシナリオでパリ協定の気候目標が達成されるという結果を想定し，その結果への道筋を達成するためにどのようなドライバーや前提が必要かを検討するなかで，自社の移行リスクを識別することになります。

(2) リスクの重大度を評価する

リスク評価についても，リスク識別のアプローチが使用可能です。また，リスク評価におけるシナリオ分析の有用性についても指摘されています。

COSOでは，リスクの重大度を評価において考慮すべき指標について図表3−47のヒエラルキーに沿って示しています。このヒエラルキーはESGに関連したリスク評価全般に適用可能なものとして示されていますが，気候関連リスクと機会の評価においても参考となるでしょう。

図表3-47 リスク重大度評価のヒエラルキー例

種別	項　目	指 標 例
定量（金銭）	収益と支出	収支への影響の予測または特定
定量（金銭）	EBITDA	EBITDAへの影響の予測または特定
定量（金銭）	資産と負債	既存資産の償却，減損，早期除却

定量（金銭）	資本と資金調達	資本コストまたは資本アクセスへの影響，営業損失
定量（金銭）	株価	株価に与える影響（%）
定量	顧客	顧客信頼度の低下（%）（収益で測定することも可能）
定量	安全性	傷病率や度数率（損失時間数）
定量	ソーシャルメディア	企業メディアのビュー数
定量	GHG排出量	GHG総排出量や原単位排出量
定量	エネルギー	エネルギー消費量（例：MWh）
定量	水	水不足地域における取水量（㎥）
定量	場所	指定洪水区域内の事業所数
定性	ステークホルダー	ステークホルダーからの苦情の種類
定性	社員の士気	エンゲージメント調査の結果／エンゲージメントレベル

（出所）　TCFD「リスクマネジメント及び統合・開示ガイダンス」（2020）よりEY整理

上記は一例ですが，リスク管理の一環で，自社の事業判断や経営判断を行う際の基準を設定しているケースには，気候関連リスクの評価においてもそれらが適用可能かを検討し，それを開示します。

⑶　リスクの優先順位付け

リスク管理においては，図表３－48のように，影響度と発生可能性の２軸でリスクをマッピングし，リスク間の優先順位付けを行います。

図表３-48 発生可能性・影響度

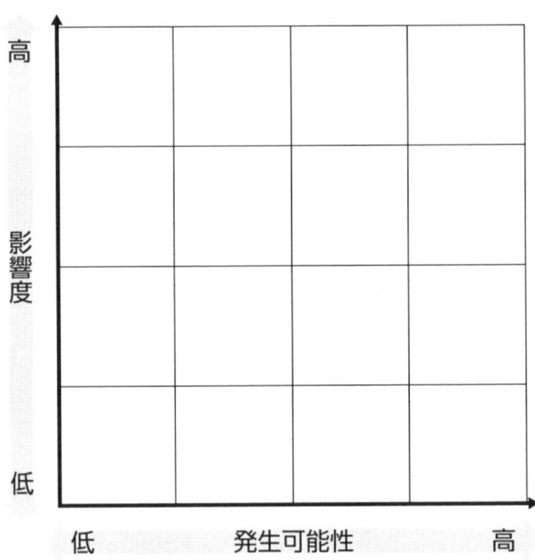

加えて，気候変動についてCOSOは，リスクの優先順位付けを行う際に企業が参考にできる要件の例として，図表３－49に掲げた５つの要件を示しています。

図表３-49 優先順位付けの要件

要件	概　要	気候変動との関連性
脆弱性	企業の準備度合い，敏捷性，適応性の観点から見た，リスク事象に対する企業の脆弱性。企業がリスクに対して脆弱であればあるほど，その事象が発生した場合のインパクトは高くなる。	企業はリスクに対応したり，リスクを吸収したりするための適応メカニズムを組み込むことができる。例えば，1980年代，ある大手石油会社は，ポートフォリオを多様化し，シナリオ・プランニングを用いて，一般的には予測不可能と考えられていた潜在的な原油価格の変動に備えた。
複雑性	企業の成功に対するリスクの範囲と性質	ESG関連リスクの多くは，相互に関連し，グローバルで，業界全体に及び，常に変化している。例えば，ヘルスケア企業は，気候変動が事業運営に潜在的な混乱をもたらすと同時に，個人の健康への影響（医療サービス需要の増加）にもつながる可能性があると認識している。

発生の速度	ある事象が発生してから，企業がその影響を最初に受けるまでの経過時間	大洪水は，即座にあるいは数時間以内に企業の業務に影響を及ぼす可能性がある。リスクが発生した場合の影響の速さを認識し，発生した場合にその影響を軽減するための措置を講じることが重要となる。
永続性	リスクが企業に影響を与え続ける期間	リスクの影響がどの程度急性の一過性のものであるか（例：サイクロン，ハリケーン，地震など），それとも継続的な影響を引き起こす慢性的な問題（例：持続的な気温上昇や干ばつ）なのかを考慮する必要がある。
回復	企業が許容可能な状態に戻る能力（あるいはそれまでの期間）	リスクの影響が不可逆的なケースがある。例えば，食品・飲料・農業セクターでは，気候変動の影響は生育条件や季節を変化させ，病害虫を増加させ，作物収量を減少させる可能性がある。

（出所）COSO/WBCSD「全社的リスクマネジメントの環境・社会・ガバナンス関連リスクへの適用」よりEY作成

上述のリスク評価結果に，これらの要件をあわせて検討することで，リスク対応に向けたリソースや時間を把握し，リスク間の優先順位をより示しやすくなります。

5　リスクのモニタリング

企業にとって特に重要となったリスク（上述の優先順位付けで高位となったリスク）については，対応策を講じ，リスクを予防あるいは発生した場合の影響を軽減するように努めることになります。COSOでは，下記のアクティビティをリスク対応の一環として示しています。

図表3-50 リスクのモニタリング活動の例

活　動	概　　要
リスクオーナーの選任	各ESG関連リスクへの対応の進捗に責任を持つリスクオーナーを任命する。 リスクオーナーは，リスク管理計画の策定，実施，進捗状況のモニタリングをサポートするチームを設置する
クロスファンクショナルチームの設置	リスク対応およびアクションプランの実施に誰が関与する必要があるかを決定する。リスク所有者がプロセスを監督すべきであるが，アクションプランに貢献すべき機能および必要な労力レベルについて，経営レベルの合意が必要。 サステナビリティ協議会のような部門横断的な監督チームは，ESG関連リスクに対する革新的で協力的な解決策を開発する手助けをする。
正確で関連性のある情報とインプットの入手	日常業務に携わる従業員と，問題点や解決策について話し合う。 他の組織や組織内の先進事例を調査する。 パイロットテストまたは実施中に得られたデータを分析する。
意思決定プロセスにリスク対応を組み込んだ設計	リスクを経営計画立案と業務上の意思決定プロセスに組み込む。 企業レベルで行われたリスク対応は，業務レベルのマネージャーにも集約し，一貫した対応とする。
リスク対応の効果をモニタリングするための指標を開発する	リスクが経営陣が決定したリスク対応方法に沿って対処されていることを確認するために，定期的な評価対象となるリスク対応の要素を検討する。
リスク対応について内外とコミュニケーションする	多くのESG関連リスクについて，内部（経営幹部や取締役会など），外部（投資家，NGOなど）のいずれにおいても，ステークホルダーはリスク対応に関する企業からのコミュニケーションを期待しているため，透明性を持ったコミュニケーションによりその要請に応える。

(出所)　COSO/WBCSD「全社的リスクマネジメントの環境・社会・ガバナンス関連リスクへの適用」よりEY作成

また，気候関連のリスクの特殊性として，不確実性や長期の時間軸（図表3－43参照）がありますので，定期的にリスク評価と対応を見直すことが重要となります。

ガバナンスの開示と同様，上記の気候関連のリスクと機会の管理に適用されているプロセスが，企業のその他のリスク・機会の管理プロセスとどのように統合されているかについて開示したうえで，これらがその他のサステナビリティ関連リスク・機会とともに統合的に管理されている場合，統合的なリスク管理の開示を行い，重複を減らすよう取り組むことが求められています[S2.26]。

参考　デュー・ディリジェンス（DD）

近年，国際的な議論において，企業のデュー・ディリジェンスの責任を規制する機運が高まっています。日本のビジネス社会で従来デュー・ディリジェンス（以下「DD」という）という言葉は，M&A（合併や買収）における投資対象の調査を表す用語として広く使われており，環境DDといえばその中でも環境の分野，例えば土壌汚染等の環境側面に関する現状確認調査を指すものとして使われています。

しかし，近年，責任ある企業行動のすべての側面における課題への対応として，バリューチェーン上の人権や環境に関する継続的なリスクの軽減および悪影響の是正活動という意味合いでDDという言葉が使われるようになってきました。

2023年６月にEP（欧州議会）が採択したコーポレート・サステナビリティ・デューディリジェンス指令（Corporate Sustainability Due Diligence Directive/CSDDD）は，パリ協定の目標に沿った気候移行計画の実施や，パリ協定の目標に沿った気候の影響に関するDDを実施することを求める内容となっています（2023年11月時点，本指令案は審議中）。

（出所）　環境省，2020，「バリューチェーンにおける環境デュー・ディリジェンス入門」
European Parliament. Report - A9-0184/2023. “REPORT on the proposal for a directive of the European Parliament and of the Council on Corporate Sustainability Due Diligence and amending Directive (EU) 2019/1937”
https://www.europarl.europa.eu/doceo/document/A-9-2023-0184_EN.html
（アクセス日：2023年11月22日）

第4節 指標および目標

1 目　　的

指標および目標に関する気候関連財務開示の目的は，一般目的財務報告の利用者が，企業が設定した目標や法規制によって達成することが義務付けられている目標に対する進捗を含む，気候関連のリスクと機会に関する企業のパフォーマンスを理解できるようにすることです［S2.27］。

この目的を達成するために，本基準では以下の開示が求められています［S2.28］。

(a) 産業横断的な指標カテゴリーに関連する情報
(b) 産業別指標（産業への参加を特徴付ける特定のビジネスモデル，活動およびその他の共通の特徴に関連する指標）
(c) 気候関連リスクを軽減もしくはこれに適応するため，または気候関連の機会を活用するために，企業が設定した目標や法規制によって達成することが義務付けられている目標（ガバナンス機関や経営者がこれらの目標に対する進捗を測定するために用いる指標を含む）

2 救済措置およびプロポーショナリティ

IFRS S2では，企業の実務上の負担を考慮しながらIFRS S2の適用を促進するために救済措置が設けられています。救済措置には，一定の要件を満たした場合に適用されるものと適用初年度において経過的に適用されるものがあります。さらに，幅広い企業によるIFRS S2の適用を支援するため，企業の成熟度に応じた取扱いを認めるプロポーショナリティの原則も導入されています［S2.BC15］。

一定の要件を満たした場合の救済措置	
GHG排出量の測定方法［S2.29(a)(ii), B24-25］	各法域の規制当局または上場している取引所から，GHG排出量を測定するためにGHGプロトコルとは別の方法を使用することが義務付けられている場合，その範囲において，当該方法を使用して測定できる。
バリューチェーン内の企業の報告期間［S2.B19］	企業の報告期間とバリューチェーン内の企業の報告期間が異なる場合は，以下のすべての要件を満たす場合，報告企業の報告期間と異なる期間の情報を使用してGHG排出量を測定することができる。 (a)　過度のコストや労力をかけずにバリューチェーン内の企業から入手可能な最新のデータを使用 (b)　報告期間の長さが同じ (c)　バリューチェーン内の企業の報告日から報告企業の報告日の間に発生した重要な事象および状況の変化の影響を開示
適用初年度の経過的な救済措置	
適用初年度における比較情報［S2.C3］	適用初年度において比較情報の開示を省略することができる。
適用初年度におけるGHG排出量の測定方法［S2.C4(a)］	適用初年度の直前の年次報告期間においてGHGプロトコルとは別の方法でGHG排出量を測定していた場合，適用初年度は当該方法を引き続き使用することができる。
適用初年度におけるスコープ３の開示［S2.C4(b)］	適用初年度においてスコープ３の開示を省略することができる。これには，アセットマネジメント，商業銀行，保険に関する活動を行う企業に要求されるファイナンスド・エミッションの開示も含まれる。
上記S2.C4(a)または(b)を適用した場合の次年度の比較情報［S2.C5］	適用初年度においてS2.C4(a)または(b)を適用した場合，次年度における比較情報の開示に関して同様の救済措置を引き続き適用できる。
プロポーショナリティの原則	
気候関連のリスクおよび機会の識別［S2.11］	企業の見通しに影響を与えることが合理的に予想される気候関連のリスクおよび機会を識別する際に，報告日時点で過大なコストや労力をかけずに利用可能な，すべての合理的かつ裏付け可能な情報を使用しなければならない（過去の事象，現在の状況および将来の状況の予想に関する情報を含む）。
予想される財務的影響［S2.18］	気候関連のリスクまたは機会に関して予想される財務的影響を開示する際に，(a)報告日時点で企業が過大なコストや労力をかけずに利用可能な，すべての合理的かつ裏付け可能な情報を使用しなければならず，(b)企業にとって利用可能なスキル，能力およびリソースに見合ったアプローチを使用しなければならない。
気候関連のシナリオ分析［S2.22, B1-B18］	気候レジリエンスの評価を行う際に，企業の状況に見合ったアプローチを用いて気候関連のシナリオ分析を行わなければならない。(a)報告日時点で企業が過大なコストや労力をかけずに利用可能な，すべての合理的かつ裏付け可能な情報を使用しなければならず，(b)企業にとって利用可能なスキル，能力およびリソースに見合ったア

	プローチを使用しなければならない。
特定の指標カテゴリーに関連する情報［S2.30］	移行リスクまたは物理的リスクの影響を受けやすい資産または事業活動の金額およびパーセンテージ，気候関連の機会に整合した資産または事業活動の金額およびパーセンテージの開示を行う際に［S2.29(b)-(d)］，報告日時点で過大なコストや労力をかけずに利用可能な，すべての合理的かつ裏付け可能な情報を使用しなければならない。
スコープ3の範囲［S2.B36］	バリューチェーンの範囲を決定するために，報告日時点で過大なコストや労力をかけずに利用可能な，すべての合理的かつ裏付け可能な情報を使用しなければならない。
スコープ3の測定［S2.B39］	スコープ3のGHG排出量の測定に使用するアプローチ，インプットおよび仮定を選択する際に，報告日時点で過大なコストや労力をかけずに利用可能な，すべての合理的かつ裏付け可能な情報を使用しなければならない。

（出所） IFRS S2よりEY作成

3 基準比較

(1) 類 似 点

IFRS S2，TCFD，ESRS，SEC気候関連開示規則案は，重要な気候関連のリスクに関連した指標および目標の開示を要求している点で類似しています。また，GHG排出量をスコープ1，2，3に分類し，企業のバリューチェーンを含めたGHG排出量を対象としている点でも類似しています。

(2) 主要な差異

項目/基準	IFRS S2	TCFD	ESRS	SEC
GHG排出量				
産業別指標の開示	［S2.32］ 産業への参加を特徴付ける1つまたは複数の特定のビジネスモデルや活動，その他の共通の特徴に関連する産業別指標を開示する必要があ	金融セクターのための補足ガイダンスおよび非金融グループのための補足ガイダンスはあるものの，産業別指標の開示は推奨事項。	産業別指標の開示に関する規定はない。ただし，今後予定されているセクター別基準では産業別指標の開示が要求される。	産業別指標の開示は要求されていない。

	る。			
GHGプロトコル	[S2.29(a)(ii)] GHGプロトコルの使用が原則として要求されている。 ただし，各法域の規制当局や企業が上場している取引所から他の基準に基づく開示が要求されている場合，GHGプロトコル以外の基準を使用できる。	GHGプロトコルの使用を推奨（GHGプロトコルと整合性がある場合は国内のレポーティング方法論も可能）。	GHGプロトコルの原則，要求事項，ガイダンスを考慮する必要がある。	GHGプロトコルの使用は要求されていない。
GHG排出量スコープ１，２				
開示上の重要性	[S1.17] 重要性がなければ省略可能。	重要性に関係なく開示を推奨。	重要性がなければ省略可能。	重要性に関係なく開示。
細分化	[S2.BC99, IE13-18] ７つのGHGに細分化して開示することは明示的に要求されていないが，重要性のあるGHGを個別に開示することが適切と判断される場合があり得る。	７つのGHGに細分化して開示することは明示的に要求されていない。	７つのGHGに細分化して開示することもできる。	７つのGHGに細分化して開示。
原単位	[S2.BC83-84] 原単位ベースの開示は明示的には要求されていない。ただし，重要性がある場合等には開示することが適切と判断される場合があり得る。	原単位ベースの開示は明示的には要求されていない。	スコープ１，２，３の合計数値に対して，原単位ベースでの開示を要求。	スコープごとに原単位ベースでの開示を要求。
組織境界	[S2.B27, BC101-102] GHGプロトコルで規定されるいずれかのアプローチ（注）を適用し，その結果に基づきスコープ１，２として報告対象となるGHGについて，	GHGプロトコルで規定されるいずれかのアプローチ（注）を適用し，その結果に基づきスコープ１，２を算定する。	経営支配力を有している関連会社等はスコープ１，２に計上する。連結グループと関連会社等を分けて開示する。	財務諸表と同じ組織境界を使用する（関連会社等は出資比率に応じてスコープ１，２に計上）。

	連結グループと関連会社等を分けて開示。			
スコープ2の算定方法	[S2.29(a)(v)] ロケーション基準（5(2)「③ スコープ2」にて詳述）の排出量開示および契約証書に関する情報の開示。	ロケーション基準，マーケット基準（5(2)「③ スコープ2」にて詳述）またはその両方の排出量開示のいずれかを選択できる。	ロケーション基準およびマーケット基準の両方の排出量を開示。	ロケーション基準，マーケット基準またはその両方の排出量開示を選択できる（これらの組み合わせや，別の方法も説明を前提に可）。
GHG排出量スコープ3				
開示上の重要性	[S2.29(a)(vi)(1)] [S1.B29-30, S2. Example 2] 開示が要求され，スコープ3の測定に含めたカテゴリーを開示。カテゴリーごとの排出量の開示は明示的に要求されていないが，その必要性の検討が求められる。	開示を推奨する。	開示が要求され，重要性のあるカテゴリーごとの排出量を開示。	重要性がある場合，または排出目標にスコープ3が含まれる場合は開示。この場合，重要なカテゴリーごとの排出量を開示。
細分化	[S2.BC99, IE19-24] 7つのGHGに細分化して開示することは明示的には要求されていない。ただし，重要性のあるGHGを個別に開示することが適切と判断される場合があり得る。	7つのGHGに細分化して開示することは明示的には要求されていない。	合計で開示。	7つのGHGに細分化して開示。
原単位	[S2.BC83-84] 原単位ベースの開示は明示的には要求されていない。ただし，重要性がある場合等には開示することが適切と判断される場合があり得る。	原単位ベースの開示は明示的には要求されていない。	スコープ1，2，3の合計数値に対して，原単位ベースでの開示を要求。	スコープごとに原単位ベースでの開示を要求。

ファイナンスド・エミッション（「4 用語の定義」参照）	[S2.B37] アセットマネジメント，商業銀行，保険に関する活動を行う企業はファイナンスド・エミッションの開示が要求される。	銀行・アセットオーナー・アセットマネージャーはPCAFスタンダード（金融機関向けGHG算定・開示基準）に基づくファイナンスド・エミッションの開示を推奨。	金融機関はPCAFスタンダードに基づくファイナンスド・エミッションの開示を考慮する必要がある。	ファイナンスド・エミッションの開示に関する規定はない。ただし，企業はスコープ3に重要性がある場合，または排出目標にスコープ3が含まれる場合は，カテゴリー15（「4 用語の定義」参照）の一環としてファイナンスド・エミッションの開示を行う。
報告企業の責任	セーフハーバーの規定はない。	セーフハーバーの規定はない。	セーフハーバーの規定はない。	スコープ３の開示に対して，セーフハーバーの規定あり。
気候関連の目標				
気候関連の目標	[S2.33] 目標の目的（例えば科学的根拠に基づく取組み等），定量的な目標の場合は絶対量目標か原単位目標か，最新の国際協定との関連性等を開示。	時間軸について，可能であればIPCC等の主要な国際機関との整合性を保つことを推奨。	企業が掲げる目標が科学的根拠に基づいているか，1.5℃シナリオと整合しているかどうか，どのようなフレームワークや手法に基づいて策定されているか，それらの目標が政策目標と整合しているか等を開示。	時間軸について，気候関連の条約・法律・規制・政策または企業が定めた目標と整合的であるかどうかを開示。
目標設定アプローチ	[S2.34(a)(b)] 目標および目標設定方法が第三者によって検証されたかどうか，目標の再設定のプロセス等を開示。	既存の目標に対する進捗状況の報告を推奨。	目標に対する全体的な進捗状況を開示。	目標の達成に向けて進捗しているかどうか，および，当該進捗がどのように達成されたかを示すために関連するデータを開示。
GHG排出目標				
グロス／ネット	[S2.36(c)] ネット目標を開示する場合は，関連するグロス目標も別途開示。	グロスまたはネットの指定はしていない［TCFDガイダンス：図D1］。	グロスで開示（ネット目標は不可）。ただし，ネット目標達成のためにカーボン・クレジットを使用した場合はクレ	GHG排出削減目標の開示は要求するものの，グロス・ネットの指定はしていない。

			ジットに関する情報を開示。	
セクター別脱炭素化アプローチ	[S2.36(d)] GHG排出目標がセクター別脱炭素化アプローチを用いて算定されたかどうかを開示。	セクター別脱炭素化アプローチの言及までは要求されていない。	GHG排出目標がセクター別脱炭素化アプローチを用いて算定されたかどうかを開示。	目標が総量か原単位かの開示は求められるものの，セクター別脱炭素化アプローチの言及までは求められていない。
カーボン・クレジット	[S2.36(e)] 計画されているカーボン・クレジットの利用，その性質，依拠する程度等を開示。	移行計画では，GHG排出目標を達成するための削減量，除去量，オフセットの相対的な寄与度に言及する［TCFDガイダンス：表E1］。	カーボン・クレジットの購入を通じたGHG排出削減量または除去量や使用されたカーボン・クレジットの信頼性および完全性等を開示。	カーボン・オフセットまたは再生可能エネルギー証書（RECs）が，気候関連目標を達成するための計画の一部として使用されている場合，オフセットによる削減量，オフセットまたはRECsの出所等を開示。

（注）出資比率基準，経営支配力基準，財務支配力基準（GHGプロトコルコーポレート基準（2004））

出資比率基準（Equity Share Approach）：事業からのGHG排出量をその事業に対する出資比率に従って算定する方法。出資比率とは，ある事業について企業が有する経済的権利の割合で，企業がその事業から生じるリスクと便益に対して有する権利の度合いを表す。一般的に企業がある事業の経済的なリスクと便益に対して有する権利の割合は，企業がその事業を所有する割合と一致するため，出資比率は所有割合と同義である。法的所有形態が経済的実態と異なる場合は経済的実態を優先する。

経営支配力基準（Operational Control Approach）：経営支配力を有する事業からのGHG排出量について，その100％を企業のGHG排出量に算入する方法。経営支配力とは，企業またはその子会社が自らの経営方針を他の事業に導入して実施する完全な権限を有していることをいう。ただし，その事業に関して必ずしもすべての意思決定権限を有している必要はない。

財務支配力基準（Financial Control Approach）：財務支配力を有する事業からのGHG排出量について，その100％を企業のGHG排出量に算入する方法。財務支配力とは，企業が他の事業活動から経済的利益を得る目的でその事業の財務方針および経営方針を決定する権限を有することをいう。法的所有形態が経済的実態と異なる場合は経済的実態を優先する。なお，財務支配力基準を採用した場合でも，ジョイント・ベンチャーからの排出量は出資比率に基づいて算定される。

4　用語の定義

IFRS S2の「指標及び目標」で用いられる主要な用語の定義の概要は以下のとおりです［S2.Appendix A］。

- 温室効果ガス（GHG：Greenhouse Gases）：京都議定書に記載されている７つの温室効果ガス。二酸化炭素（CO_2），メタン（CH_4），一酸化二窒素（N_2O），ハイドロフルオロカーボン（HFCs），三フッ化窒素（NF_3），パーフルオロカーボン（PFCs），六フッ化硫黄（SF_6）。
- 地球温暖化係数（GHW：Global Warming Potential）：各温室効果ガスの放射影響力の影響（温室効果をもたらす程度）を，CO_2の温室効果をもたらす程度に対する比で示した係数。
- CO_2換算：各温室効果ガスの地球温暖化係数を示すための普遍的な測定単位であり，一単位のCO_2の地球温暖化係数を用いて表される。異なる温室効果ガスの排出（または排出の回避）を共通の基準で評価するために使用される。
- 温室効果ガスの間接排出：企業の活動の結果であるが，別の企業が所有または支配する排出源から発生する温室効果ガス。
- スコープ１温室効果ガス排出：企業が所有または支配する排出源から発生する温室効果ガスの直接排出。
- スコープ２温室効果ガス排出：企業が消費する購入または取得した電力，蒸気，温熱または冷熱の生成から発生する温室効果ガスの間接排出。
- スコープ３温室効果ガス排出：企業のバリューチェーンで発生するスコープ２以外の温室効果ガスの間接排出（上流と下流の両方の排出量を含む）。
- スコープ３カテゴリー：スコープ３の温室効果ガス排出は「GHGプロトコルコーポレート・バリューチェーン（スコープ３）の算定・報告基準（2011)」に記載されている15のカテゴリーに分類される。

上流	1．購入した商品やサービス
	2．資本財
	3．スコープ1またはスコープ2に含まれない燃料およびエネルギー関連の活動
	4．上流の輸送および流通
	5．事業において発生する廃棄物
	6．出張
	7．従業員の通勤
	8．上流のリース資産
下流	9．下流の輸送および流通
	10．販売した製品の加工
	11．販売した製品の使用
	12．販売した製品の廃棄処理
	13．下流のリース資産
	14．フランチャイズ
	15．投資

- 内部炭素価格：投資，生産，消費パターンの変化，潜在的な技術進歩，将来の排出削減コストの財務的影響を評価するために企業が使用する価格。さまざまなビジネス・アプリケーションに使用できる。企業が一般的に使用する内部炭素価格は以下のとおり。

  (1) シャドープライス：理論上のコストまたは名目上の金額であり，リスクの影響，新規投資，プロジェクトの正味現在価値，さまざまな取組みの費用対効果等の経済的影響またはトレードオフを理解するために使用。

  (2) 内部税または手数料：事業活動，製品ライン，またはその他の事業単位の温室効果ガス排出に基づいて課される炭素価格。企業内移転価格と類似。

- ファイナンスド・エミッション：企業が投資先または相手先に対する融資および投資に起因する，投資先または相手先の温室効果ガス総排出量のうち企業への割当分。「GHGプロトコルコーポレート・バリューチェーン（スコープ３）の算定・報告基準（2011）」で定義されるスコープ３カテゴリー15（投資）の一部である。

- カーボン・クレジット：カーボン・クレジット・プログラムによって発行される，温室効果ガスの排出削減または除去を表す排出単位。電子登録によってシリアル化され，発行，追跡，無効化が行われる。
- 開示トピック：IFRSサステナビリティ開示基準またはSASB基準に規定されている特定の産業内の企業が行う活動に基づく特定のサステナビリティ関連のリスクまたは機会。
- バリューチェーン：企業のビジネスモデルおよび企業が事業を行う外部環境に関連する相互作用，リソースおよび関係の全範囲。
- 実務上不可能（Impracticable）：要求事項を適用するために，あらゆる合理的な努力を行っても当該要求事項を適用できない場合のことをいう。

5　産業横断的な指標カテゴリー

(1)　開示要求事項

企業は産業横断的な指標カテゴリーに関連する以下の情報を開示する必要があります［S2.29］。

指標カテゴリー	開示要求事項
(a)GHG排出量	• スコープ１，２，３のGHG排出量の絶対総量 • 使用した測定アプローチ・インプット・仮定およびその理由（これらを変更した場合も含む） • スコープ１およびスコープ２については，関連会社およびジョイント・ベンチャー等からの排出量を，連結会計グループによる排出量と別個に開示 • スコープ２はロケーション基準に基づく排出量を開示するとともに，エネルギーに関する売買契約（契約証書）が存在し，その情報が企業のスコープ２排出量を利用者が理解するのに有用な場合には，当該情報を別途開示 • スコープ３については，排出量の測定に含めたカテゴリーを開示するとともに，特定の活動（アセットマネジメント，商業銀行，保険）を行う企業は，ファイナンスド・エミッションの開示も必要 （詳細は下記「(2)　GHG排出量」を参照）

(b)気候関連の移行リスク	●気候関連の移行リスクの影響を受けやすい資産または事業活動の金額およびパーセンテージ
(c)気候関連の物理的リスク	●気候関連の物理的リスクの影響を受けやすい資産または事業活動の金額およびパーセンテージ
(d)気候関連の機会	●気候関連の機会と整合した資産または事業活動の金額およびパーセンテージ
(e)資本投下	●気候関連のリスクと機会に投下された資本的支出，資金調達または投資の金額
(f)内部炭素価格	●企業が意思決定に内部炭素価格を利用しているか，またどのように利用しているか（例えば投資判断，移転価格，シナリオ分析等） ●企業がGHG排出コストの評価に用いているGHG排出量のメートルトン当たりの価格
(g)報酬	●気候関連の考慮事項が役員報酬に組み込まれているか，またどのように組み込まれているか ●当期に認識された役員報酬のうち気候関連の考慮事項と結び付いているもののパーセンテージ

(2) GHG排出量

① 使用する基準および測定アプローチ

企業は，報告期間中に発生したGHGの総排出量の絶対量をスコープ１，２，３に分類し，CO_2換算のメートルトンで開示する必要があります。GHG排出量は，「GHGプロトコルコーポレート基準（2004）」に従って測定しなければなりません。ただし，各法域の規制当局や企業が上場している取引所がGHG排出量を測定するために別の方法を使用するよう要求している場合は，その範囲において，当該方法で測定することができます［S2.29(a)(i),(ii), B24-25］。

総排出量での開示を要求する趣旨は，一般目的財務報告の利用者が，企業が自社またはバリューチェーン内のGHG排出量を削減しているか，削減している場合はどの程度削減しているかを判断できるようにするためであり，総排出量とは除去努力（カーボン・クレジットの使用等）を考慮する前の排出量を指します［S2.BC81］。

また，企業は以下を含むGHG排出量の測定に使用したアプローチを開示しなければなりません［S2.29(a)(iii)］。

(a)　GHG排出量の測定に使用した測定アプローチ，インプットおよび仮定 (b)　上記(a)を選択した理由 (c)　測定アプローチ，インプットおよび仮定を変更した場合はその旨および理由

さらに，測定アプローチ，インプットおよび仮定に関する開示の一部として，企業は排出係数に関する情報を開示する必要があります。これは，企業がどの排出係数を使用しているかを一般目的財務報告の利用者が理解できるようにするためであり，IFRS S2は使用すべき排出係数を指定していませんが，GHG排出量の測定の基礎として，企業の活動を最もよく表す排出係数の使用を要求しています［S2.B29］。

図表３-51　GHG排出量

企業は，スコープ１，スコープ２およびスコープ３の
GHG排出量の絶対総量を開示しなければならない

スコープ１	スコープ２	スコープ３
スコープ１およびスコープ２のGHG排出量について，連結会計グループからの排出量とは別に，関連会社およびジョイント・ベンチャー等からの排出量を開示		スコープ３に含めた排出または除外した排出を利用者が理解できるように，スコープ３のGHG排出量の測定に含めたカテゴリーを開示
	スコープ２はロケーション基準に基づくGHG排出量を開示するとともに，エネルギーに関する売買契約（契約証書）に関する情報を開示	

企業は，GHG排出量を測定するために使用した
特定のインプット，仮定および推定手法，ならびにその理由を
開示しなければならない（これらを変更した場合の情報を含む）

（出所）　IFRS S2よりEY作成

② スコープ1およびスコープ2

スコープ1およびスコープ2のGHG排出量については，以下の2つに細分化して開示する必要があります［S2.29(a)(iv), BC103］。

(a) 連結会計グループ（例えば，IFRS会計基準を適用する企業の場合，親会社およびその子会社，ジョイント・オペレーション） (b) 上記(a)から除外されるその他の投資先（例えば，IFRS会計基準を適用する企業の場合，関連会社，ジョイント・ベンチャーおよび非連結子会社等）

比較可能性を容易にするため，GHG排出量を決定するために使用したアプローチ（例えば，GHGプロトコルコーポレート基準（2004）の出資比率基準または支配力基準）を開示する必要があります［S2.B27, BC101-102］。

企業がIFRS第11号「共同契約（ジョイント・アレンジメント）」を適用する場合，共同契約は，ジョイント・ベンチャー（共同支配企業）またはジョイント・オペレーション（共同支配事業）のいずれかに分類されます。通常，ジョイント・ベンチャーへの投資は持分法で会計処理され（IAS第28号「関連会社及びジョイント・ベンチャーに対する投資」），持分法適用会社はIFRS会計基準に従った連結会計グループの一部ではないことから，ジョイント・ベンチャーからの排出量は上記(b)のその他の投資先に含まれることになります。

一方，ジョイント・オペレーションの場合は，企業がその取決めに関する資産に対する権利および負債に対する義務を有することになるので，自らの資産，負債，収益および費用に対する持分相当額を認識します。資産，負債，収益および費用が連結会計グループの一部として会計処理されていることから，ジョイント・オペレーションからの排出量は上記(a)の連結会計グループに含まれることになります［S2.BC103］。

IFRS S2に付随するガイダンスでは，以下のような設例が挙げられています。

設例１：連結会計グループとその他の投資先とのスコープ１およびスコープ２のGHG排出量の細分化［S2.IE3-IE5］

ある企業は，GHG排出量測定のための組織境界の設定に，GHGプロトコルのコーポレート基準に説明されている出資比率基準を適用している。企業は，IFRS会計基準を適用しており，関連会社に対する投資として会計処理している投資が１件ある。スコープ１のGHG排出量は7,350メートルトンCO_2換算（CO_2e），スコープ２のGHG排出量は1,320CO_2eである。

表１：連結会計グループとその他の投資先とのスコープ１およびスコープ２のGHG排出量の細分化

	温室効果ガス排出量（メートルトンCO_2e）		
	スコープ１	スコープ２	合計
連結会計グループ	4,900	830	5,730
その他の投資先（関連会社への投資）	2,450	490	2,940
合計（出資比率基準）	7,350	1,320	8,670

③　スコープ２

スコープ２のGHG排出量については，ロケーション基準に基づく排出量を開示するとともに，企業のスコープ２のGHG排出量について一般目的財務報告の利用者の理解を得るために必要な契約証書に関する情報を提供しなければなりません［S2.29(a)(v)］。

ロケーション基準では，購入電力から排出される排出量をエネルギー消費が行われる送電網の平均排出原単位を用いて測定します（一般的には送電網の平均排出係数を用います）。一方で，マーケット基準では，購入電力から排出される排出量を排出源や供給者固有の排出係数を用いて測定します。電力供給者や契約証書によってエネルギー源や使用する技術が異なるため，排出されるGHGの量も異なります［S2.BC106］。

契約証書に関するより詳細な情報は，一般目的財務報告の利用者が，企業の排出削減努力をより理解するのに役立ちます。しかし，企業が利用し得るメカニズムには大きなばらつきがあり，また企業が事業を行っている市場の成熟度や立地条件によっても異なるため，スコープ２のGHG排出量についてマーケット基準での開示を要求していません。その代わり，企業がエネルギー売買のために取り交わした契約証書について，一般目的財務報告の利用者が理解するのに役立つ情報を開示することを要求しています［S2.BC109］。

契約証書とは，エネルギー生産についての属性と一体となったエネルギーの売買またはエネルギーの売買から分離された属性証明（環境価値）の売買に関する，企業と他の当事者との間のあらゆる種類の契約で，さまざまな市場において異なる種類の契約証書が利用可能です。契約証書に関する開示の一部として，企業はマーケット基準の排出量を開示することもできます［S2.B31］。

④　スコープ３

企業は，スコープ３のGHG排出量について以下を開示する必要があります［S2.29(a)(vi)］。

(a)　スコープ３のGHG排出量の測定に含まれるカテゴリー（「GHGプロトコルコーポレート・バリューチェーン（スコープ３）の算定・報告基準(2011)」に記載されているスコープ３カテゴリーに従う）

(b)　企業の活動としてアセットマネジメント，商業銀行，保険が含まれる場合は，カテゴリー15または投融資先の排出量（ファイナンスド・エミッション）に関する追加情報（詳細は下記「⑤　ファイナンスド・エミッション」を参照）

15のカテゴリーすべての関連性を検討することが求められますが，すべてのカテゴリーがその企業に適用されるわけではなく，スコープ３のGHG排出量の測定に含める必要がないと判断する場合もあります［S2.BC110］。

重要な事象や重要な状況の変化が生じた場合，企業はバリューチェーン全体を通じて影響を受ける，すべての気候関連のリスクと機会の範囲を再評価する必要があります。これには，スコープ３のGHG排出量の測定に含める企業およびカテゴリーを再評価することも含まれます。重要な事象や重要な状況の変化には，以下が含まれます［S2.B34］。

(a)　バリューチェーン内における重要な変更（例えば，バリューチェーン内のサプライヤーが，GHG排出量を大幅に変化させる変更を行った場合）
(b)　ビジネスモデル，活動または企業構造の重要な変更（例えば，企業のバリューチェーンを拡大する合併または買収）
(c)　気候関連のリスクと機会に対するエクスポージャーの重要な変化（例えば，バリューチェーン内のサプライヤーが，企業が予期していなかった排出規制の導入によって影響を受ける場合）

なお，企業はバリューチェーンの範囲を決定するために，報告日時点で過大なコストや労力をかけずに利用可能な，すべての合理的かつ裏付け可能な情報を使用しなければなりません［S2.B36］。

さらに，IFRS S2はGHG排出量を７つのGHGに細分化して開示することを要求していませんが，IFRS S1は，情報の集約が重要な情報を不明瞭にする場合，情報の集約を禁止しています［S1.B30］。そのため，企業は，一般目的財務報告の利用者に重要な情報を提供するために，GHGごとの排出量を開示することが必要となる場合があります。

IFRS S2に付随するガイダンスでは，以下のような設例が挙げられています。

設例3B：GHGごとのスコープ３カテゴリー11の細分化［S2.IE19-IE24］

簡略化のため，この例では，販売した製品の使用による排出（カテゴリー11）のうち，二酸化炭素（CO_2）と一酸化二窒素（N_2O）の排出に関連する検討事項のみを示している。他のカテゴリーや他の温室効果ガスに関する検討は無視する。

ある自動車メーカーは，GHGプロトコルに従ってスコープ３のGHG排出量を測定している。企業は，販売した製品の使用による排出（カテゴリー11）について，どのように情報を開示するかを検討している。GHG排出量のかなりの割合が，自動車が道路を走行する際のエンジン内の燃料の燃焼とテールパイプからの排ガスであると企業は考えている。これらの排出，特にCO_2とN_2Oは，自動車が販売されているいくつかの重要な地域において，厳しい規制の対象となっている。この考察に基づき，企業は販売した製品の使用による排出に関する情報が重要であると判断している。

企業はCO_2とN_2Oの排出に関する周辺環境も考慮する必要がある。企業にとって重要な市場で政府補助金が導入されており，この補助金はN_2O排出量の少ない自動車の生産に充当できるため，企業にはN_2O排出基準を満たす車両を生産するインセンティブがある。(中略)

企業は，一般目的財務報告の利用者に重要な情報を提供するために，カテゴリー11の排出をCO_2とN_2Oに細分化する必要があると判断し，表４に示すように，スコープ３の開示を補足する表を含めることを決定した。

表４：スコープ３カテゴリー11のGHG排出量の構成ガス別開示（抜粋）

	温室効果ガス排出量（メートルトンCO_2e）	
	20X1	20X2
二酸化炭素	46,000	48,000
一酸化二窒素	1,000	1,020

⑤　ファイナンスド・エミッション

金融活動を行う企業（金融機関）は，その活動に伴うGHGの排出に関連するリスクと機会に直面しています。GHG排出量の多い投融資先は，テクノロジーの変化，需給のシフト，政策の変更の影響を受けやすく，これらの企業に対して金融サービスを提供している金融機関に影響を与える可能性があります。このようなリスクと機会は，信用リスク，マーケット・リスク，レピュテーショナル・リスク，その他財務リスクやオペレーショナル・リスクという形で発生する可能性があります。ファイナンスド・エミッションは，気候関連のリスクと機会に対する企業（金融機関）のエクスポージャーの指標となり，企業（金融機関）がその金融活動をどのように適応させる必要があるかを示す指標となります［S2.B58］。

⑥　その他

企業の活動にアセットマネジメント，商業銀行，保険が含まれる場合は，企業は，カテゴリー15または投融資先の排出量（ファイナンスド・エミッション）に関する追加情報を開示する必要があります［S2.29(a)(vi)］。

なお，保険業や再保険業における引受ポートフォリオに起因する排出量（associated emissions）や，投資銀行業務に起因する排出量（facilitated emissions）については，これらの排出量に関連する方法論が確立されていないため，開示は求められていません［S2.BC129］。

(a)　アセットマネジメント

企業の活動にアセットマネジメントが含まれる場合は，以下の開示が求められています［S2.B61］。

(i)　スコープ１，スコープ２，スコープ３ごとのGHG総排出量の絶対量
(ii)　上記(i)の各項目について，財務諸表の表示通貨で表される，ファイナンスド・エミッションの開示に含まれる運用資産残高（AUM）の総額
(iii)　ファイナンスド・エミッションの計算に含まれるAUMの割合。当該割合が100％未満の場合，除外を説明する情報（除外した資産の種類やAUMの金額を含む）を開示

(iv) ファイナンスド・エミッションを計算するために使用した方法（投資規模に関連して排出量のシェアを帰属させるために使用したアロケーション方法を含む）

IFRS S2に付随するガイダンスでは，以下のような２つの設例が挙げられています。IFRS S2では，アセットマネジメントを営む企業に対して戦略別や資産クラス別の開示を要求していませんが，IFRS S1にて情報の集約が重要な情報を不明瞭にする場合，情報の集約を禁止していることから［S1.B30］，一般目的財務報告の利用者に重要な情報を提供するために，企業の判断で戦略別や資産クラス別のファイナンスド・エミッションを開示する場合を設例として取り上げています。

設例４：アクティブ戦略とパッシブ戦略に細分化した開示［S2.IE26-IE32］

あるアセットマネージャーは，社債から構成される７つのファンドを運用しており（以下参照），ポートフォリオ全体のAUMは110億CUである。

表：アセットマネージャーにおけるポートフォリオ・戦略別のAUM

ポートフォリオ名	戦略・資産クラス	AUM（通貨：CU）
ファンドA	アクティブ・社債	19億
ファンドB	アクティブ・社債	19億
ファンドC	アクティブ・社債	22億
ファンドD	パッシブ・社債	15億
ファンドE	パッシブ・社債	13億
ファンドF	パッシブ・社債	10.5億
ファンドG	パッシブ・社債	11.5億

この７つのポートフォリオに関連する排出量はAUM総額の98％（107.8億CU）に相当し，残りの２％（2.2億CU）は現金のため，現金に係るファ

イナンスド・エミッションは開示しない。

アセットマネージャーとして，企業はファイナンスド・エミッションの開示に関して以下を考慮した。

(a)　パッシブ戦略とアクティブ戦略に属するそれぞれの企業のポートフォリオは，その構成およびリスクエクスポージャーが極めて類似していること

(b)　アクティブ戦略はパッシブ戦略よりも手数料総額が高く，企業の収益により大きく貢献していること。これらのダイナミクスさは今後も変わらないと見込まれること

(c)　アクティブ戦略におけるGHG排出量はパッシブ戦略より著しく少ないこと

さらに，企業のアクティブ戦略におけるポートフォリオの排出量は，パッシブ戦略がベンチマークのパフォーマンスと保有資産をトラッキングするのに対し，アクティブ戦略はベンチマークをアウトパフォームすることを目指すため，気候関連リスク分析をより良く反映している。双方の戦略はともにパフォーマンスが低下するリスクに直面するが，アクティブ戦略はベンチマークを下回ることにより資金流出に直面する可能性がある一方で，パッシブ戦略と比較して，ファイナンスド・エミッションをより柔軟に管理・削減することが可能であるため，企業はアクティブ戦略とパッシブ戦略ではリスクエクスポージャーが異なることを認識している。

また，IFRS S2はGHG排出量をアクティブ戦略とパッシブ戦略に細分化して開示することを要求していないが，IFRS S1は，情報の集約が重要な情報を不明瞭にする場合，情報の集約を禁止している［S1.B30］。これらを踏まえ，企業は，一般目的財務報告の利用者に重要な情報を提供するために，アクティブ戦略とパッシブ戦略ごとの排出量を開示する必要があると判断した。

表6：アクティブ戦略とパッシブ戦略に細分化されたファイナンスド・エミッションの開示

	ファイナンスド・エミッション（メートルトンCO_2e）		
	アクティブ戦略	パッシブ戦略	合計
スコープ1	12,880,551	27,300,950	40,181,501
スコープ2	2,983,115	8,120,335	11,103,450
スコープ3	43,771,005	103,799,005	147,570,010
合計	59,634,671	139,220,290	198,854,961
ファイナンスド・エミッションの計算に含まれているAUMの総額（通貨：CU）	58.8億CU	49億CU	107.8億CU
ファイナンスド・エミッションの計算に含まれているAUMの割合（戦略のみの割合）	53.5%（98%）	44.5%（98%）	98%（N/A）

注：AUMの2％（2.2億CU）はファンドが保有している現金であり，ファイナンスド・エミッションの計算から除外しています

設例5：アセットマネージャーによる資産クラス別の開示［S2.IE33-IE38］

あるアセットマネージャーは，長期債券および株式から構成される8つのファンドを運用しており（以下参照），ポートフォリオ全体のAUMは600億CUである。

表：アセットマネージャーにおけるポートフォリオ・資産クラス別のAUM

ポートフォリオ名	資産クラス	AUM（通貨：CU）
ファンドA	長期債券	68億
ファンドB	長期債券	69億
ファンドC	長期債券	89億
ファンドD	上場株式	60億
ファンドE	上場株式	60億
ファンドF	上場株式	79億

ファンドG	上場株式	86億
ファンドH	上場株式	86億

この８つのポートフォリオに関連する排出量はAUM総額の98％（588億CU）に相当し，残りの２％（12億CU）は現金であるため，現金に係るファイナンスド・エミッションは開示しない。

アセットマネージャーとして，企業はファイナンスド・エミッションの開示に関して以下を考慮した。

(a)　長期債券ポートフォリオは長期的な（平均保有期間７年）値上がりを，上場株式ポートフォリオは短期的な（平均保有期間９か月）値上がりを意図している

(b)　これら２つの資産クラスが気候関連リスクと機会によって異なる影響を受けるため，各資産クラスに影響を与える気候関連のリスクの評価は異なる

(c)　各資産クラス内の企業のポートフォリオは，その構成およびリスクエクスポージャーが，同じ資産クラス内の企業の他のポートフォリオと類似している。これは，長期債券と上場株式の両方の資産クラスに当てはまる

また，IFRS S2はGHG排出量を資産クラスに細分化して開示することを要求していないが，IFRS S1は，情報の集約が重要な情報を不明瞭にする場合，情報の集約を禁止している［S1.B30］。これらを踏まえ，企業は，一般目的財務報告の利用者に重要な情報を提供するために，資産クラスごとの排出量を開示する必要があると判断した。

表８：資産クラス別に細分化されたファイナンスド・エミッションの開示

	ファイナンスド・エミッション（メートルトンCO_2e）		
	長期債券	上場株式	合計
スコープ１	48,600,415	101,487,332	150,087,747
スコープ２	33,805,025	27,187,765	60,992,790
スコープ３	159,615,008	301,001,718	460,616,726
合計	242,020,448	429,676,815	671,697,263
ファイナンスド･エミッションの計算に含まれているAUMの総額（通貨：CU）	221.5億CU	366.5億CU	588億CU
ファイナンスド･エミッションの計算に含まれているAUMの割合（資産クラスのみの割合）	36.9%（98%）	61.1%（98%）	98%（N/A）

注：AUMの２％（12億CU）はファンドが保有している現金であり，ファイナンスド・エミッションの計算から除外しています。

(b) 商業銀行

企業の活動に商業銀行が含まれる場合は，以下の開示が求められています［S2.B62］。

a．産業別，資産クラス別のスコープ１，スコープ２，スコープ３ごとのGHG総排出量の絶対量

(i) 産業：取引先の分類は，報告日に利用可能な最新の世界産業分類基準（GICS）の６桁の産業レベルコードを使用

(ii) 資産クラス：貸出金，プロジェクト・ファイナンス，債券，株式投資，未使用のローン・コミットメントを開示。他の資産クラスのファイナンスド・エミッションを計算・開示する場合，当該資産クラスを含めた理由の説明

b．財務諸表の表示通貨で表される，資産クラス別の各産業へのグロス・エクスポージャー

(i)　資金提供額：グロス・エクスポージャーは，IFRS会計基準またはその他の一般に公正妥当と認められた会計基準に従って作成されたかどうかにかかわらず，資金提供額の帳簿価額（該当する場合は損失引当金を差し引く前）として計算

(ii)　未使用のローン・コミットメント：企業は，ローン・コミットメントの使用部分とは別に，コミットメントの全額を開示

c．ファイナンスド・エミッションの計算に含まれる企業のグロス・エクスポージャーの割合

(i)　グロス・エクスポージャーの割合が100％未満の場合は除外を説明する情報（除外された資産の種類を含む）を開示

(ii)　資金提供額について，該当する場合は，グロス・エクスポージャーからリスク緩和策によるすべての影響を除外

(iii)　未使用のローン・コミットメントについては，計算に含まれている割合を別個に開示

d．ファイナンスド・エミッションを計算するために使用した方法（グロス・エクスポージャーの規模に関連して排出量のシェアを帰属させるために使用したアロケーション方法を含む）

(c)　保　　険

企業の活動に保険が含まれる場合は，以下の開示が求められています［S2.B63］。

a．産業別，資産クラス別のスコープ１，スコープ２，スコープ３ごとのGHG総排出量の絶対量

(i)　産業：取引先の分類は，報告日に利用可能な最新の世界産業分類基準（GICS）の６桁の産業レベルコードを使用

(ii)　資産クラス：貸出金，債券，株式投資，未使用のローン・コミット

メントを開示。他の資産クラスを開示する場合，その資産クラスを含めることで，一般目的財務報告の利用者に関連性のある情報を提供することができる理由の説明も必要

b．財務諸表の表示通貨で表される，資産クラス別の各産業へのグロス・エクスポージャー

(i) 資金提供額：グロス・エクスポージャーは，IFRS会計基準またはその他の一般に公正妥当と認められた会計基準に従って作成されたかどうかにかかわらず，資金提供額（該当する場合は損失引当金を差し引く前）として計算

(ii) 未使用のローン・コミットメント：企業は，ローン・コミットメントの使用部分とは別に，コミットメントの全額を開示

c．ファイナンスド・エミッションの計算に含まれる企業のグロス・エクスポージャーの割合

(i) グロス・エクスポージャーの割合が100％未満の場合は除外を説明する情報（除外された資産の種類を含む）を開示

(ii) 未使用のローン・コミットメントについては計算に含まれている割合を別個に開示

d．ファイナンスド・エミッションを計算するために使用した方法（グロス・エクスポージャーの規模に関連して排出量のシェアを帰属させるために使用したアロケーション方法を含む）

(3) スコープ３測定フレームワーク

① 測定方法とインプットの種類

スコープ３のGHG排出量を定量化する方法には，直接測定する方法と推定による方法の２つがあります［S2.B43］。直接測定する方法とは，GHG排出量を直接モニタリングすることを指し，理論的には最も正確な証拠を提供します。しかし，GHG排出量を直接測定することは困難が伴うため，スコープ３の

GHG排出量には推定が含まれることになります［S2.B44］。

スコープ３のGHG排出量の推定には，適切なインプットおよび仮定に基づくデータの概算が含まれます。推定を使用してスコープ３のGHG排出量を測定する場合，次の２種類のインプットを使用します［S2.B45］。

(a)　GHGの排出につながる企業の活動を表すデータ（活動データ）
(b)　活動データをGHG排出量に変換する排出係数

なお，企業は，スコープ３のGHG排出量の測定に使用する測定アプローチ，インプットおよび仮定を選択する際に，報告日時点で過大なコストや労力をかけずに利用可能な，すべての合理的かつ裏付け可能な情報を使用しなければなりません［S2.B39］。

②　インプットと仮定の優先順位

スコープ３のGHG排出量の測定は，さまざまなインプットに依存しています。IFRS S2は，企業がスコープ３のGHG排出量を測定するために使用すべきインプットを指定していませんが，以下の特性（順不同）を使用してインプットと仮定に優先順位を付けることを企業に要求しています［S2.B40］。

(a)　直接測定に基づくデータ（上記「①　測定方法とインプットの種類」を参照）
(b)　バリューチェーン内の固有活動からのデータ（一次データ）
(c)　バリューチェーン活動およびそのGHG排出量の法域および使用技術を忠実に表す適時データ（二次データ）
(d)　検証済みデータ

企業は，各法域の規制当局や企業が上場している取引所からGHGプロトコルとは別の方法を使用することが義務付けられている場合，または適用初年度の経過措置を適用する場合に，GHGプロトコルとは別の方法を使用することがあります。これらの場合でも，このスコープ３の測定フレームワークを適用して，企業はインプットと仮定に優先順位付けを行う必要があります［S2.B41］。

③ 一次データと二次データ

スコープ３のGHG排出量の測定は，企業のバリューチェーン内の固有活動から直接取得されたデータ（一次データ），企業のバリューチェーン内の固有活動から直接取得されていないデータ（二次データ），またはその両方の組み合わせによって行われます［S2.B46］。一般的に，一次データは二次データよりも企業のバリューチェーン活動およびそのGHG排出量をより忠実に表している可能性が高くなります。したがって，他のすべての条件が同じであれば，一次データの使用を優先しなければなりません［S2.B47］。

一次データには，企業のバリューチェーンにおける固有活動に関連して，バリューチェーン内のサプライヤーまたはその他の企業から提供されたデータが含まれます。一次データは，メーター検針値や公共料金請求書，企業のバリューチェーンにおける固有活動を表すその他の方法から取得できます。一次データは企業の内部または外部から収集でき，サプライヤーから収集した購入商品またはサービスのサプライヤー固有の排出係数等が含まれます［S2.B48］。

一方，二次データは，企業のバリューチェーン内の固有活動から直接取得されないデータです。多くの場合，二次データは第三者のデータプロバイダーによって提供され，業界平均データ（公開されているデータベース，政府統計，文献研究および業界団体からのデータ等），活動量または排出係数を概算するために使用されるデータ，ある活動からの排出量を推定するために使用される別の活動からの一次データ（プロキシデータ）が含まれます。企業がスコープ３のGHG排出量を測定するために二次データを使用する場合，データが企業の活動を忠実に表している程度を考慮しなければなりません［S2.B49］。

④ 検証済みデータ

企業は，検証済みデータを優先する必要があります。検証により，一般目的財務報告の利用者に，情報が完全で中立かつ正確であるという信頼を提供するためです［S2.B53］。

検証済みデータには，内部または外部で検証されたデータが含まれます。検証は，現場での確認，計算レビュー，他の情報源とのデータの照合等，いくつかの方法で行うことができます。しかし，場合によっては，企業は過大なコストや労力なくしてスコープ３のGHG排出量を検証できないこともあります［S2.B54］。

⑤　インプットの開示

企業は，S2.29(a)(iii)の要求事項の一部として，スコープ３のデータの優先順位付けを開示に反映させるため，一般目的財務報告の利用者が以下を理解できる情報を開示しなければなりません［S2.B56］。

> (a)　スコープ３のGHG排出量が，企業のバリューチェーン内の固有活動からのインプットを使用して測定される程度
> (b)　スコープ３のGHG排出量が，検証済みインプットを用いて測定される程度

スコープ３のGHG排出量は，二次データと業界平均を用いて信頼性をもって推定できるという前提を含んでいます。まれに，スコープ３のGHG排出量を推定することが実務上不可能と判断される場合があります。その場合，企業は，スコープ３のGHG排出量をどのように管理しているかを開示する必要があります［S2.B57］。なお，実務上不可能（Impracticable）とは，企業が要求事項を適用するために，あらゆる合理的な努力を行ってもその要求事項を適用できない場合のことを意味します［S2. Appendix A］。

(4)　産業横断的な指標カテゴリー

企業は，GHG排出量に関する情報に加えて，S2.29(b)-(g)に定める産業横断的な指標カテゴリーに関連する情報を開示することが求められています。これら

の開示を作成するにあたり，以下を考慮する必要があります［S2.B65］。

(a) S2.10に規定される，気候関連のリスクと機会の影響が生じると合理的に予想される期間
(b) S2.13に規定される，企業のビジネスモデルおよびバリューチェーンのどこに気候関連のリスクと機会が集中しているか（例えば，地域，施設，資産の種類等）
(c) S2. 16(a)-(b)に従って開示される，気候関連のリスクと機会が報告期間の財政状態，財務業績およびキャッシュ・フローに与える影響
(d) IFRSサステナビリティ開示基準で定義されているもの，またはIFRS S1の要求事項を満たすものを含め，S2.32で定められた産業別指標が，要求事項の全部または一部を満たすために使用できるか
(e) S1.21(b)(ii)に従い，S2.29(b)-(g)の要求事項を満たすために開示される情報と，関連する財務諸表に開示される情報とのつながり

上記(e)のつながりには，使用されるデータと仮定の一貫性や，S2.29(b)-(g)に従って開示される金額と財務諸表において認識・開示される金額との間の関連付けが含まれます。例えば，企業は，使用した資産の帳簿価額が財務諸表に含まれる金額と整合しているかどうかを検討し，そのつながりを説明することになります。

6　産業別指標

(1)　開示要求事項

企業は，産業への参加を特徴付ける1つまたは複数のビジネスモデルやその他の共通の特徴に関連する産業別指標の開示が求められています。企業が開示する産業別指標を決定する際には，IFRS S2の「産業別ガイダンス」に記載されている開示トピックに関連する産業別指標を参照し，適用可能性を考慮しなければなりません［S2.32］。

IFRS S2は，企業に産業別指標の開示を要求していますが，ガイダンスに含まれる特定の指標の適用は要求していません［S2.BC137］。

(2) 産業別ガイダンス

IFRS S2の産業別ガイダンスには，以下が含まれます［S2.IB4］。

(a) 産業の説明：産業への参加を特徴付けるビジネスモデル，活動，その他の共通の特徴を記述することにより，適用可能な産業別ガイダンスを特定する手助けとなることを意図している

(b) 開示トピック：特定の産業に属する企業が行う活動に関連する，特定の気候関連のリスクや機会を説明するもの

(c) 指標：開示トピックに付随するもので，個別またはセットの一部として，特定の開示トピックに対する企業のパフォーマンスに関する有用な情報を提供するよう設計されている

(d) テクニカル・プロトコル：関連する指標の定義，範囲，適用，表示に関するガイダンスを提供するもの

(e) 活動指標：企業による特定の活動や業務の規模を定量化するもので，上記(c)の指標とともに使用することで，データを標準化し比較を容易にすることを意図している

企業によっては，複数の産業にまたがるさまざまな活動を行っています。コングロマリットのように業種を超えて水平的に事業が統合されている企業，またはバリューチェーンを通じて垂直的に統合されている企業では，複数の産業別ガイダンスを参照しその適用可能性を考慮することで，その企業の見通しに影響を及ぼすと予想される気候関連のリスクと機会の全範囲を詳細に説明できる可能性が高まります［S2.IB9］。

自動車産業を例にとると，産業別ガイダンスでは以下の開示トピックや指標が示されており，自動車メーカーは，これを参照して，「燃費および使用による排出」の開示トピックが自社の状況に適用できるかを判断することになりま

す。適用できると判断した場合は，「燃費および使用による排出」の開示トピックに付随する具体的な指標について，その適用可能性を考慮します。

図表３-52 自動車産業における開示トピックと指標

表１．サステナビリティ開示トピックと指標

トピック	指　標	カテゴリー	測定単位	コード
燃費および使用による排出	販売した乗用車の加重平均燃費（地域別）	定量的	Mpg, L/km, gCO_2/km, km/L	TR-AU-410a.1
	(1)ゼロ・エミッション車（ZEV），(2)ハイブリッド車，(3)プラグイン・ハイブリッド車の販売台数	定量的	台数	TR-AU-410a.2
	燃費および排出リスクと機会を管理するための戦略に関するディスカッション	ディスカッションおよび分析	n/a	TR-AU-410a.3

表２．活動指標

活動指標	カテゴリー	測定単位	コード
生産台数	定量的	台数	TR-AU-000.A
販売台数	定量的	台数	TR-AU-000.B

（出所） IFRS S2産業別ガイダンスよりEY作成

IFRS S2の産業別ガイダンスでは，以下のような設例が挙げられています。

設例２：自動車メーカーの開示トピックに関連する指標および目標［S2. IB13］

ある自動車メーカーは，産業別ガイダンスに従って，「燃費および使用による排出」の開示トピックに関する情報を開示する。

例えば，企業は，販売した自社車両の燃費（指標TR-AU-410a.1）およびゼロ・エミッション車の販売台数（指標TR-AU-410a.2）等，関連する指標を使用する。これらの開示は，産業別の要求事項およびそれに関連する指標および目標を満たすのに役立つ。

また，企業は，S2.14(a)に従って開示された計画の進捗状況に関する定量的情報を開示するというS2.14(c)の要求事項を満たすために，この開示を利用することもできる。この情報は，利用者が，企業が設定した気候関連の目標の達成をどのように計画しているかを理解するのに役立つ。

(3)　産業横断的な指標カテゴリーとの関係

IFRS S2の産業別ガイダンスは，S2.29(a)-(e)にある産業横断的な指標カテゴリーの開示の要求事項を満たすうえで役立ちます。このような要求事項としては，例えば以下が挙げられます［S2.IB14］。

(a)　S2.29(a)は，企業のスコープ１のGHG総排出量の開示を要求しているが，半導体業界の企業は，ペルフルオロ化合物からのスコープ１のGHG排出量を開示することにより，これを強化することができる場合がある（指標TC-SC-110a.1参照）

(b)　S2.29(c)は，気候関連の物理的リスクに対する企業のエクスポージャーに関連する定量的情報の開示を要求しており，農産物産業の企業は，水不足の地域から調達した主要作物の割合を開示することによって，これを満たすことができる場合がある（指標FB-AG-440a.2参照）

(c)　S2.29(d)は，気候変動に関連する機会に関する定量的情報の開示を要求しており，化学製品産業の企業は，使用段階の資源効率に配慮した製品からの収益を開示することでこれを満たすことができる場合がある（指標RT-CH-410a.1参照）

(d)　S2.29(e)は，気候変動に関連する資本投下に関する定量的情報の開示を要求しており，石油・ガス産業の企業は，再生可能エネルギーへの投資額を開示することでこれを満たすことができる場合がある（指標EM-EP-420a.3参照）

7 目　　標

(1) 開示要求事項

企業は，気候関連リスクを軽減もしくはこれに適応するため，または気候関連の機会を活用するために，企業によって設定された目標や法規制によって達成することが義務付けられている目標，その進捗，目標設定方法等を開示する必要があります［S2.33-37］。

<table>
<tr><th colspan="2">目　標</th><th>開示要求事項</th></tr>
<tr><td rowspan="12">産業横断的な指標および産業別指標の適用可能性を考慮する必要がある
[S2.37]</td><td rowspan="8">GHG排出目標を含む，企業の戦略目標の達成に向けた進捗状況をモニタリングするために設定した定量的または定性的な気候関連の目標，および法規制によって達成が義務付けられている目標
[S2.33]</td><td>(a)目標設定に用いた指標</td></tr>
<tr><td>(b)目標の目的（例えば，緩和，適応，科学的根拠に基づく取組み等）</td></tr>
<tr><td>(c)目標の対象範囲（例えば，企業全体，一部の事業や地域のみ等）</td></tr>
<tr><td>(d)目標が適用される期間</td></tr>
<tr><td>(e)進捗が測定される基礎となる期間</td></tr>
<tr><td>(f)マイルストーンおよび中間目標</td></tr>
<tr><td>(g)定量的な目標の場合は，絶対量目標か原単位目標か</td></tr>
<tr><td>(h)気候変動に関する最新の国際協定との関連性</td></tr>
<tr><td rowspan="4">各目標の設定方法，再設定方法，および各目標に対する進捗状況のモニタリング方法［S2.34］</td><td>(a)目標および目標設定方法が第三者により検証されているか</td></tr>
<tr><td>(b)目標の再設定のプロセス</td></tr>
<tr><td>(c)目標達成に向けた進捗状況のモニタリングに用いた指標</td></tr>
<tr><td>(d)目標の修正およびその理由</td></tr>
<tr><td colspan="2" rowspan="2">各目標に対する実績およびトレンド分析［S2.35］</td><td>(a)各気候関連の目標に対する実績に関する情報</td></tr>
<tr><td>(d)実績のトレンド分析または変化分析に関する情報</td></tr>
<tr><td colspan="2" rowspan="5">GHG排出目標に関する情報
[S2.36]</td><td>(a)どのGHGが目標の対象となるか</td></tr>
<tr><td>(b)スコープ1，2，3のGHG排出は目標の対象か</td></tr>
<tr><td>(c)グロス排出目標か，ネット排出目標か（ネット排出目標の場合は，グロス排出目標も別個に開示）</td></tr>
<tr><td>(d)目標がセクター別脱炭素化アプローチを用いて算定されたか</td></tr>
<tr><td>(e)ネット排出目標を達成するために計画されたカーボン・クレジットの使用，依拠の程度等（詳細は下記(3)「③　カーボン・クレジット」を参照）</td></tr>
</table>

⑵　気候関連の目標

①　気候変動に関する最新の国際協定

企業は，気候変動に関する最新の国際協定（その協定から生じる各法域のコミットメントを含む）が，気候関連の目標にどのように反映されたかを説明しなければなりません［S2.33⒣］。

例えば，ある企業が特定の期日までにスコープ１，スコープ２，スコープ３のGHG排出量を半減させるという目標を設定するとします。その企業が拠点を置く法域の法規制を遵守するためにその目標を達成しなければならない場合，この例は，気候変動に関する最新の国際協定（その協定から生じる各法域のコミットメントを含む）が，企業のGHG削減目標量，目標に含まれるスコープ，目標が適用される期間に影響を与えたことを示しています［S2.BC142後段］。

気候変動に関する最新の国際協定とは，温室効果ガス削減のための規範と目標を定めた，UNFCCC加盟国間の最新の合意と定義されます。IFRS S2が公表された時点（2023年６月）では，最新の合意はパリ協定（2016年４月）であり，同協定の署名国は，世界の平均気温の上昇を産業革命以前の水準より２℃未満に抑えること，および，気温の上昇を産業革命以前の水準より1.5℃に抑える努力を追求することに合意しています［S2.BC145］。

気候変動に関する最新の国際協定が，気候関連の目標にどのような影響を与えたかを説明しなければならないという開示要求事項は，GHG排出目標だけでなく，関連するすべての気候関連の目標に適用されます。例えば，気候変動のマイナス影響への適応目標や，GHG排出量削減に向けた資金フローの増加目標等が含まれます［S2.BC148］。

②　第三者による検証

設定した目標や法規制によって達成が義務付けられている目標およびその目標設定方法について，企業は第三者が検証したかどうかを説明する必要があります［S2.34⒜］。「検証」とは，気候関連の目標が最新の気候科学に関連して，第三者によってテスト・確認されているかどうか，またどのように確認されているかということです。気候関連の目標そのものについて第三者による検証を受けることは必須ではありません［S2.BC149］。

(3) GHG排出目標

① セクター別脱炭素化アプローチ（SDA）

企業は，気候関連の目標が，セクター別脱炭素化アプローチを用いて導き出されたかどうかを開示する必要があります［S2.36(d)］。セクター別脱炭素化アプローチは，SBTi（Science Based Targetsイニシアティブ）等のイニシアティブで用いられているもので，異なるセクターの企業は低炭素経済への移行に伴う課題も異なる（例えば，バリューチェーンにおいてGHGの排出が集中する場所はセクターによって異なる）ため，国際レベルで設定されたGHG排出目標を，セクターベースのベンチマークに変換したものです。それにより個々の企業のパフォーマンスの比較が可能となります［S2.BC150］。

② ネット排出目標

ネット排出目標とは，企業のグロス排出目標から，計画されたオフセット努力を差し引いた値です［S2.B68］。企業のGHG排出目標が，グロス排出目標とネット排出目標のいずれであるかを開示し，企業のGHG排出目標がネット排出目標である場合は，ネット排出目標に加えて，グロス排出目標も開示する必要があります［S2.36(c)］。

③ カーボン・クレジット

ネット排出目標を達成するために，GHG排出量をオフセットすることを目的としてカーボン・クレジットの使用を計画している場合があります。この場合，計画されたカーボン・クレジットの使用について，以下の開示が求められています［S2.36(e)］。

(i) ネット排出目標を達成するためにカーボン・クレジットにどの程度依拠しているか
(ii) どの第三者スキームがカーボン・クレジットを検証または認証しているか
(iii) カーボン・クレジットの種類（基礎となるオフセットが自然に基づくものか，技術的な炭素除去に基づくものか，基礎となるオフセットが炭素削減または除去によって達成されるかどうかを含む）
(iv) 一般目的財務報告の利用者が，企業が使用する予定のカーボン・クレジットの信頼性と完全性を理解するために必要なその他の要因（例えば，カーボン・オフセットの永続性に関する仮定）

IFRS S2では，計画されたカーボン・クレジットの使用についてのみ，企業に開示を要求しています［S2.36(e)］。しかし，この開示の一部として，企業がすでに購入したカーボン・クレジットのうち，ネット排出目標を達成するために使用する予定のものについての情報も，その情報が一般目的財務報告の利用者に企業のGHG排出目標を理解させるものであれば，開示に含めることができます［S2.B71］。

企業が，上記(i)(ii)の開示を行うことは，一般目的財務報告の利用者が，企業の排出削減計画，カーボン・クレジット使用計画の有無とその方法，クレジットの質を理解できるようにするために重要です。これは，追加的な気候関連のリスクと機会が，スキームの適切性，利用可能な技術，将来のクレジット価格に関する不確実性から生じるためです［S2.BC154］。

また，上記(iii)の開示は，一般目的財務報告の利用者が企業のリスクを理解するのに役立ちます。例えば，多くの技術的な解決策は，現在のところ商業規模において不経済であり，将来的に実行可能なものにするためにはかなりの投資が必要になる可能性があります。なお，自然ベースのアプローチは，植林，土壌への炭素隔離，その他のバイオマス貯蔵の利用等を通じて，自然の炭素吸収源を強化することを目的としており，技術的な解決策よりも費用対効果が高く，加えて食料生産等，他の社会・環境問題への二次的影響についての懸念が生じる可能性があります［S2.BC155］。

カーボン・オフセット制度の質を評価するために不可欠な２つの特徴として，「永続性」と「追加性」が挙げられます。「永続性」とは，温室効果ガスの排出が大気中から安全に除去される期間を意味し，「追加性」とは，特定の投資によって，発生しなかったであろう新たな気候変動上の便益がもたらされたかどうかを意味します。これらの指標は有用ですが，永続性と追加性の評価は複雑であるため，IFRS S2では，永続性と追加性の評価を開示することを要求していません。その代わりに，クレジットの信頼性と完全性を理解するために必要な，その他の要因に関する情報の開示を要求し，利用者が永続性と追加性を評価するための参考としています［S2.BC156］。

第4章

開示対応の実務

第1節　概　　要

1　何から始め，何を目指すのか

(1)　何から始めるのか

サステナビリティに関する情報の開示媒体としては，日本においては有価証券報告書，サステナビリティレポート，ESGデータブック，統合報告書等多数ありますが，ISSB基準においては一般目的財務報告，すなわち日本においては主に有価証券報告書が想定されています。

2023年1月に公布・施行された「企業内容等の開示に関する内閣府令」により有価証券報告書等にてサステナビリティ情報の記載欄が新設されました。これをきっかけに，すべての上場企業においてサステナビリティへの取組み開示が始まりました。

ISSB基準は特定の法域でのみ利用されることを意図されておらず，各国におけるサステナビリティ開示基準のベースラインの提供を目的としています(ビルディングブロック・アプローチ)。今後，日本においてはSSBJよりISSB基準を取り込んだ日本のサステナビリティ開示基準が開発され，金融庁が当該開示基準を有価証券報告書等で使用する基準として指定することが検討されると見込まれています。

では，この将来におけるISSB基準やSSBJ基準に基づく新たなサステナビリティ開示基準の適用を見据え，企業はどのように対応を進めていけばよいでしょうか。

IFRS S1基準で定められているガバナンス，戦略，リスク管理，指標と目標というコアとなる開示要求事項に関しては，特に有価証券報告書提出企業であれば同様の概念に基づき，人的資本や気候変動等に関して一定の検討・開示をすでに実施していることが想定され，この情報収集過程で構築された体制や情報が活用できます。

また，サステナビリティに関する外部評価機関からのさまざまなレポートが注目されています。例えば，CDPについては，気候変動等のサステナビリティに関する取組みについて，2022年の実績で1,700社以上の日本企業がCDPを通じて情報開示をしています。これらの情報を整理し，ISSB基準の開示要求事項と照らして追加で収集すべき情報を整理することから始めることで検討の重複が避けられます。ISSB基準とCDPの関係においては，CDPは2024年の開示サイクルからISSBの気候関連基準（IFRS S2）をCDPの質問項目に組み込むことを2022年11月に公表しています。したがって，サステナビリティ情報の作成者である企業の観点ではCDPの質問項目への対応をすることが，将来的にはISSB基準の気候関連基準への対応にもつながるといえます。

気候変動以外の項目でも，自社ですでに取り組んでいるサステナビリティに関する情報を，ISSB基準の要求事項に沿って整理することで，何がすでに用意できていて，今後どういった対応が必要なのかを把握することが大切です。

対応については，全社として取り組むべきこと（例：ガバナンス），または組織横断的に取り組むべきこと（例：気候関連リスク管理），あるいは各部署において取り組むべき追加すべき情報への対応（例：正確な情報の収集プロセスの確立）の区分け，および適切な導入体制の構築が必要です。

ISSB基準の開示要求事項と照らして追加すべき情報が整理できたら，適切な担当者を割り当てて情報収集を図ります。環境関連の情報であれば環境部，人事情報であれば人事部，労働災害の発生であれば総務部などへの確認が必要かもしれません。

また，例えば環境関連の指標であれば連結子会社の情報を含めて有している一方で，人的資本については親会社の情報は把握していても連結子会社の情報が整理されていないことも想定されます。具体的にどういった対応が必要なのかについて，各担当者に調査を依頼する際に，将来を見据えた内部統制の構築の視点を併せ持った対応を進めていくことが重要です。

参考として，開示対応の大まかな業務フローは以下のとおりです。

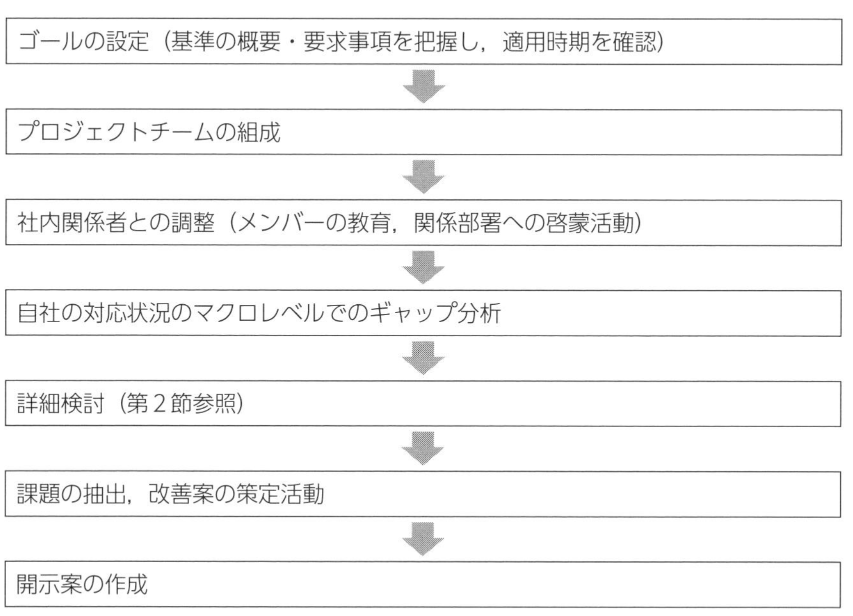

以後，PDCAサイクルを回して完成度を高めていくことが必要です。

⑵　ゴールの設定

企業を取り巻く外部環境は，気候変動に限らず，人権問題，サプライチェーン，技術革新の推進，サイバーセキュリティリスク等に加えて，地政学的リスク，経済安全保障，パンデミックなど大きく変化しており，企業経営のかじ取りは一段と難しくなっています。

近年，サステナビリティ情報については，PRI（責任投資原則）に署名した機関投資家数の急増や，気候関連等の株主提案の件数の増加など，投資家の関心の高まりを受け，サステナビリティ関連情報の開示要請が国内外で高まり，さらに，欧州のサプライチェーン等における情報を収集・算定・把握することを求める法規制等の強化の動きがありました。

企業経営の実践において，データ・情報は，事業の進捗モニタリング，分析，意思決定などに必要不可欠なものであり，これは財務データに限ったことではなく，サステナビリティ関連情報についても同様です。サステナビリティ経営の実践のためには，財務データに加えて，サステナビリティ関連データも含めて，さまざまなデータを経営戦略に積極的に活用していくことが重要です。

サステナビリティ関連データは，企業価値に影響を与える将来のサステナビリティ関連のリスクおよび機会への洞察を与えるデータであり，将来の財務パフォーマンスを予測する際に極めて有効なもので，財務データと同等の価値があると考えられます。

一方，多くの企業では開示要請や法規制への対応がサステナビリティ関連のデータ・情報収集の主な目的となっており，サステナビリティ関連データを経営（進捗モニタリング，分析，経営の意思決定等）に活用するという発想にまではまだ至っていないと考えられます。

今後，サステナビリティ情報開示の拡充が求められる有価証券報告書は，投資家の投資判断に必要な情報を開示する書類です。そのため，開示，規制対応と経営戦略は，それぞれ独立したものではなく，企業価値を高めるものとして，それぞれつながっているべきです。コストや時間をかけて収集した価値あるデータを，「開示」，「規制対応」のみで終わらせるのではなく，「経営戦略」とのつながりとして捉え，積極的に活用していくことが，経営の高度化や企業価値に対する外部評価の向上につながるでしょう。

2　ISSB基準の開示要求事項の把握

改めて，ISSB基準の構成を見てみましょう。ISSB基準の構造は，IFRS S1において全般的要求事項を定め，IFRS S2以後の基準において，テーマ別に開示要求事項を定めています（本書執筆時点ではS2のみ存在）。テーマによってはSASB基準やCDSBフレームワーク等のガイダンスを適宜参照しながら開示するべき情報を整理する必要があります。

また，IFRS S1とS2ともに，サステナビリティ関連リスクおよび機会の開示におけるコアとなる要素として「ガバナンス」，「戦略」，「リスク管理」および「指標と目標」の開示が求められます。

ここからは，主にIFRS S1およびS2に沿って，実際に企業がどのようにサステナビリティ関連財務情報の報告書を作成していくことが考えられるか，そのポイントについて解説します。

まず，IFRS S1の目的は一般目的財務報告の主要な利用者が企業へのリソース提供に関する意思決定を行う際に有用となる，企業のサステナビリティ関連

図表４-１　ISSB基準の構造（再掲）

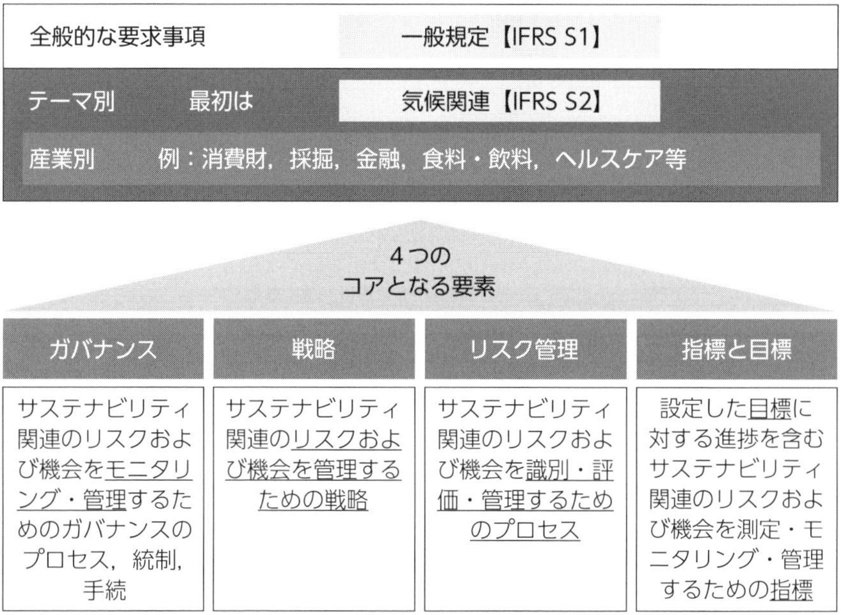

全般的な要求事項		一般規定【IFRS S1】
テーマ別	最初は	気候関連【IFRS S2】
産業別	例：消費財，採掘，金融，食料・飲料，ヘルスケア等	

４つの
コアとなる要素

ガバナンス	戦略	リスク管理	指標と目標
サステナビリティ関連のリスクおよび機会をモニタリング・管理するためのガバナンスのプロセス，統制，手続	サステナビリティ関連のリスクおよび機会を管理するための戦略	サステナビリティ関連のリスクおよび機会を識別・評価・管理するためのプロセス	設定した目標に対する進捗を含むサステナビリティ関連のリスクおよび機会を測定・モニタリング・管理するための指標

（出所）　S1基準およびS2基準に基づきEYが作成

のリスクと機会に関する情報を提供することを企業に求めることとされています［S1.1］。また，サステナビリティ関連のリスクと機会は，企業のリソースと関係への依存，および企業のリソースと関係に与える影響から生じます［S1.2］。

S1は短期，中期，長期にわたる企業のキャッシュ・フロー，資金調達へのアクセスおよび資本コストに影響を与えると合理的に予想し得るサステナビリティに関連するすべてのリスクと機会に関する情報を企業に開示することを要求しており［S1.3］，これらの一連の情報をどのように企業が準備し，報告をするのかを規定しています［S1.4］。

ISSB基準は，財務諸表で提供される情報と比べると，より不確実性が高い情報を含む，長期の時間軸にわたる企業の財政状態，財務業績およびキャッシュ・フローに及ぼす影響等を開示することを求めています。企業は，財務諸表の作成に用いられた各種仮定との整合性を取りながら，サステナビリティ関連のリスクと機会に係る情報を見積る体制を構築し，それを利用者に理解可能な形で情報開示することが求められます。

(1) 報告企業の単位について

サステナビリティ関連財務情報の報告企業は，関連する財務諸表の報告主体と同一でなければならないとされています［S1.20］。すなわち，連結財務諸表と同一の範囲（グループ企業）でのサステナビリティ情報の開示が求められます。

従前の任意のサステナビリティ関連情報の開示においては，企業によって，開示されている情報の範囲に偏りがありました。一部の項目の情報については連結財務諸表と同一の範囲で情報を開示していた一方，情報が集めにくい項目については報告企業のみの開示，または親会社と主要な子会社の情報のみを開示している企業も多くあります。

例えば，期中で取得した企業は含めない，海外の子会社の情報は開示対象としない，もしくは代替的な値を使用して簡便的に推計している企業もあります。従前は開示範囲について明確な基準は必ずしもありませんでしたので，企業は任意で開示範囲を決めていました。

グループ企業としての適切な開示体制を構築するためには，収集する情報の定義を明確にし，適切に情報を収集するための報告の手段やタイミングを整理しておく必要があります。月次，または四半期で決算業務を行っている経理部門や連結決算業務を行っている部署であれば，報告する情報が明確に整理されており，それぞれの数値の算定方法，報告フォーマットも統一されていて，システムも導入されていることでしょう。

一方，サステナビリティ関連の情報については，そういった整理が未了の企業も多いと考えられます。今後，情報の収集精度を高めて効率化，迅速化を図っていくためには，報告企業の単位については連結決算範囲を把握している連結決算部門等と適宜連携する体制を整備していくことが求められます。

上述のとおり，S1基準においては，報告企業は関連する財務諸表と同一でなければならないとされています。すなわち，連結財務諸表に含まれる親会社と子会社が開示対象に含まれます［S1.B38］。一方で，S2基準においては，GHG排出量は「GHGプロトコルコーポレート基準（2004）」に従って測定しなければならないとされています［S2.29］。GHGプロトコルでは，出資比率基準，経営支配力基準，財務支配力基準のいずれかを使用して組織境界を決定します。報告企業が決定した連結方針は，企業グループ内のすべての会社に適用される必要があります。

参考　GHGプロトコルの実務上のポイント

GHGプロトコルにおける組織境界は，必ずしも財務諸表における連結範囲とは一致しません。GHGプロトコルにおいては，出資比率基準，経営支配力基準，財務支配力基準の３つの方法のどれを採用したかによって，グループ排出量に含める範囲が異なります。それぞれの方法における，グループ排出量に含める範囲は以下のとおりです。

財務諸表上の分類（出資比率）	経営支配力	出資比率基準	経営支配力基準	財務支配力基準
子会社（80%）	あり	80%	100%	100%

関連会社（40%）	あり	40%	100%	0%
	なし	40%	0%	0%
共同で財務支配力を有するジョイント・ベンチャー（50%）	あり	50%	100%	50%
	なし	50%	0%	50%

(出所)　GHGプロトコルコーポレート基準よりEY作成

⑵　重要性がある情報

企業は，サステナビリティ関連の重要性がある情報を開示する必要があります。この判断を行うにあたっては単独で，または他の情報と組み合わせて，全体としてみた企業のサステナビリティ関連財務開示の文脈において重要であるかどうかを評価しなければならず，その情報に重要性があるかどうかを評価する際には，定量的および定性的要因の両方を考慮しなければならないとされています［S1.B21］。

重要性があるか否かは，一般目的財務報告の利用者にとって特定の報告企業の当該財務報告に基づいて行う意思決定に影響を与えることが合理的に予想し得る場合には重要性があるとされています［S1.18］。しかし，重要性の判断は企業固有のものであり［S1.14］，S1は重要性についての閾値を指定したり，特定の状況で何が重要かを事前に決定したりしていません［S1.B19］。

S1は，開示すべき重要性のある情報を特定するための出発点として，識別したサステナビリティ関連リスクまたは機会に関する開示要求事項について，まずISSB基準を参照し［S1.B20］，該当する開示基準がない場合は，一般目的財務報告の意思決定に関連性があり，サステナビリティ関連リスクまたは機会を忠実に表現するために，SASB基準の参照要求と，CDSBフレームワーク等への任意の参照について言及しています［S1.57, 58］。

基準の内容については前述のとおりですが，定量的な情報に係る重要性の判断における実務上の対応としては，閾値を設けることが考えられます。

重要性の検討に際しては，定性的要因も考慮する必要があります。また，投資家の判断に影響を与える事象が生じるような，企業を取り巻く状況・仮定に変化が生じていないかを考慮して，各報告日において重要性の判断を再評価しなければなりません［S1.B28］。

重要性がある情報については第2節「1　マテリアリティ（重要性がある情報）の検討」も併せて参照してください。

(3)　コアとなる要素

IFRSサステナビリティ開示基準が他の開示を認める，または要求する場合を除き，以下に記述している4つのコアとなる要素（ガバナンス，戦略，リスク管理，指標と目標）について開示が求められます［S1.25］。

図表4－2　コアとなる要素（再掲）

ガバナンス	戦略
企業がサステナビリティ関連のリスクおよび機会をモニタリングおよび管理するために用いるガバナンスのプロセス，統制および手続に関する情報。	サステナビリティ関連のリスクおよび機会を管理するための企業の戦略に関する情報。
リスク管理	**指標と目標**
サステナビリティ関連のリスクおよび機会がどのように識別，評価および管理されているか，また，それらのプロセスが総合的なリスク管理フレームワークに組み込まれているかどうか，またどのように組み込まれているかについての情報。	企業がサステナビリティ関連のリスクおよび機会をどのように測定，モニタリングおよび管理しているか，また，設定した目標に対する進捗を含め，そのパフォーマンスをどのように評価しているかについての情報。

（出所）　S1.25に基づきEY作成

実務上の重要な留意事項として，4つのコアとなる要素が企業の長期的な価値創造戦略と整合する形で整備・運用され，それが投資家に理解しやすい形で報告されているかについて，継続的に検討を行うことが挙げられます。

コアとなる要素については第２節以降にて順次説明します。

3　日本企業における適用タイミングとロードマップの策定

ISSBが定めたS1基準およびS2基準の適用日は，2024年１月１日以降に開始する事業年度とされています。仮に３月決算の日本企業が当該基準を適用日直後に任意適用するのであれば，2024年４月１日から2025年３月31日までの事業年度に関する情報を2025年６月に公表される有価証券報告書に記載することが考えられます。

ただし，日本においては，日本版サステナビリティ開示基準の開発を目的としてSSBJが設立されており，2024年３月末までに日本版S1基準および日本版S2基準の公開草案を公表することが目標とされています。また，SSBJの確定基準は2025年３月末までに公表されること，目標どおり確定基準が公表された場合，2025年４月１日以後に開始する事業年度から当該基準の早期適用が可能になることが想定されています。なお，強制適用の時期については，慎重に検討することとされています。

基準の適用に際しては企業のサステナビリティ関連財務開示が，IFRSサステナビリティ開示基準のすべての要求事項に準拠している場合，明示的かつ無限定の準拠表明が行われます。逆に，すべての要求事項に準拠していない場合は，そのような準拠表明を行うことはできません［S1.72］。部分的な適用はできない点にご留意ください。

図表４－３を参照しながら検討してみましょう。

ここでは，日本の上場企業が，日本版S1基準および日本版S2基準を用いて，2025年４月１日から2026年３月31日までの事業年度に関する情報を2026年６月に公表する有価証券報告書で報告することを目指すと仮定します。

なお，ここでは日本版S1基準および日本版S2基準がISSBが公表したS1基準およびS2基準の内容と同一となることを想定します。

図表４－３　３月決算企業の早期適用時スケジュールの例

	２０２３年		２０２４年		２０２５年		２０２６年		２０２７年	
	3/31	9/30	3/31	9/30	3/31	9/30	3/31	9/30	3/31	9/30
ISSB基準スケジュール		★…S1, S2基準公表	★…ISSB基準適用開始							
SSBJ基準スケジュール（予定）			★…日本版S1, S2基準公開草案公表予定		★…確定版S1, S2基準公表予定 ★…SSBJ基準早期適用開始（予）					
SSBJ基準導入企業作業スケジュール		導入体制構築 情報収集 ギャップ分析 改善活動 開示書類トライアル作成		継続的に情報収集	初度適用対象期間		開示書類本番作成（初度）			

（出所）　EY作成

ここで，仮にISSBが定めたS1基準およびS2基準の適用日である2024年１月をプロジェクトの出発点とすると，2026年６月の有価証券報告書の公表まで，２年半のプロジェクト期間となります。

ただし，２年目以降は，実際に適用初年度に開示される数値(注)を集計する体制を運用し検証する実質的な本番期間であることを考慮すると，最初の１年で対応するべきことを一通り終わらせ，必要な情報を収集できる体制の構築が望まれる，といえます。

（注）　適用初年度は，比較年度情報の開示の省略［S1.E3］や，気候関連以外の開示の省略［S1.E5, E6］が認められています。

4　プロジェクトチームの組成

(1)　プロジェクトチームの発足

サステナビリティ関連情報の開示については，中長期な観点を踏まえた報告企業の経営者の観点からの検討が必要となることから，プロジェクト発足に際しては，経営者の関与が重要になります。経営者の関与のもと，まずはプロジェクトの責任者を任命し，責任者の権利と責任を定めます。プロジェクトの目的は，ISSB基準に基づく開示を円滑に行うこと（およびそれを企業価値向上に活かすこと）ですから，最終的な開示として何が求められているのかというゴールのイメージと，現在そのゴールからどれくらい遠いのかを把握することから始まります。

本章の冒頭で紹介したとおり，開示するべき情報のうち，すでに準備ができており，整理して開示すればよい状況が整っている項目もあるかもしれません。逆に重要な情報を収集する体制ができていないことに気が付くかもしれません。

調査を行うにあたって，まずはプロジェクトを推進する組織を立ち上げることが考えられます。このプロジェクトは，企業のガバナンス，経営戦略，リスク管理，指標と目標を含むサステナビリティ関連情報の開示に関するプロセスや内部統制等，広範囲に及ぶ全社的な事項を検討する必要があります。したがって，組織横断的に影響力を行使することができる権利を有する役員にプロジェクト責任者として入ってもらうことが重要です。

すでにサステナビリティ委員会といった組織を有している企業も多くあると思われます。既存の組織があれば，プロジェクトの推進責任者および推進メンバーを設定するとよいでしょう。

また，プロジェクトの規模は立上げ時点では小さくても構わないかもしれませんが，プロジェクトの進捗に応じて適宜，適切な部門に応援を要請して，必要な情報が適時に収集できる体制を構築していくことが重要です。

⑵　社内教育――プロジェクトメンバー向け教育

プロジェクトを進めていくうえで基準や開示要求事項などの必要な情報を収集・整理することはもちろん，関係部署に対応をしてもらえるようにするには関係者に説得力を持って説明ができるように，基準の要旨，背景を理解することが大切です。プロジェクトメンバーは，このプロジェクトが，企業が持続性を高め，ステークホルダーからより評価される会社となることを目指すことができる組織の中心となるよう，プロジェクトメンバーに対して情報のインプットを行う必要があります。情報のインプットの方法として監査法人など職業的専門家の助言，国際機関のセミナー聴講，政府機関や業界団体主催の教育プログラムへの参加，国内外の主要なイニシアティブへの加盟，および，これらを基にした社内勉強会の開催などが考えられます。

監査法人や自社と取引のあるベンダーやコンサルタントをアドバイザーとして利用するのもよいでしょう。

プロジェクトの立上げ時点では，ISSB基準を知らないプロジェクトメンバーもいらっしゃるでしょう。しかし，今後は企業の中心となって各関連部署とコミュニケーションを図り，情報を収集していくためには，基準の概要，開示の要求事項のポイント等を整理して理解する時間を設けることは重要です。

(3)　経営者の関与

サステナビリティは，一部の組織が取り組めば対応できるようなものではなく，全社的に取り組むべき課題です。戦略・ガバナンスの開示のためには，経営の変革も一定程度必要となり，形式だけの対応はESGウォッシュである，との外部からの評価を受けることにつながるリスクも存在します。

連結財務諸表の作成と同様に，一定の正確性等の信頼性が確保された情報の開示のためには，連結子会社との連携や，財務部門以外の部署との連携も必要であり，多くの部門から将来にわたって定期的に情報を提供してもらう必要があるため，企業の負担は経済的に見ても少なくありません。関係部署，子会社からの協力を得るには経営者の強力なリーダーシップが必要であり，そのためには経営者自らが先頭に立ち導入を進めていけるよう促す必要があります。

ISSB基準のサステナビリティ関連財務情報は，同一の一般目的財務報告に含まれる財務諸表とのつながり（整合性）が求められるので，財務諸表の監査人とのコミュニケーションも重要になります。

(4)　関係部署への啓蒙活動

ある程度プロジェクトの概要が見えてきたら，関係部署に対応を仰ぐことになります。しかし，どの部門においても余裕をもって対応してもらえる環境が十分整っていない状況が予想されます。

なぜ対応が必要なのかを正しく理解してもらえないと，プロジェクトが前に進まない，依頼した事項に適時に対応してもらえないという状況が発生するリスクが増大します。経営者の強い後押しの下，鍵となる社内の関係者に対して一緒に導入プロジェクトを進めてもらえるように，開示する目的や，それに伴い必要となる情報などを周知していくなどの啓蒙活動は重要です。ここで関係部署の理解がきちんと得られないと，データの提出が適時になされず，各部署の対応が疎かになることが見込まれます。したがって，関係部署の担当者がプロジェクトのメンバーの一員であることを明文化してしっかりと対応させるようにしましょう。

5　自社の対応状況のマクロレベルでのギャップ分析

マクロレベルでのギャップ分析とは，開示要求項目について，すでにある情報を整理することで，企業のサステナビリティ情報においてどういった情報が揃っているのか，足りないのかを俯瞰してみることを目的としています。多くの企業においてはウェブサイト等で，サステナビリティへの取組みを開示していることが考えられます。まずは，自社において，どういった媒体で，どういった情報を開示しているのかを整理する必要があります。

企業においてサステナビリティに関する情報を開示することが一般に想定される媒体について，図表４－４に取りまとめました。企業によってはこれら以外にも媒体があると考えられますし，これらに反映されていない情報以外にもサステナビリティに関する情報を収集しているかもしれませんので，どういった情報があるのか，社内の情報を整理してみる必要があります。

一通り自社が作成しているサステナビリティ情報に関係があると考えられる情報を棚卸ししたら，ISSB基準を想定しながら開示の要求事項に合致しているかどうかを整理します。想定される開示要求事項を列挙し，何の媒体で開示しているのか，その開示媒体においては社内のどの部門が情報を提供しているのか，開示されている情報の範囲や粒度（詳細さ）はISSB基準の開示要求事

図表４－４ サステナビリティに関する情報の記載箇所の例

報告媒体	開示される主な情報
有価証券報告書	企業内容等の開示に関する内閣府令に基づき，サステナビリティに関する全般的取組み，人的資本等の戦略や指標および目標についての記載がすでに取りまとめられている。
統合報告書，アニュアルレポート，ESGデータブック，サステナビリティレポート，ウェブサイト	企業の財務情報と非財務情報を統合して，投資家や社会に向けて価値創造のストーリーを伝えるための資料。 統合報告書の中でサステナビリティについても多く言及されている。 企業によって，文書の呼称，記載内容，構成は異なるが，サステナビリティに関連する情報が多く掲載されている。例えば，サステナビリティに積極的に取り組んでいる企業のウェブサイトにおいて，GRIに基づく開示を行っている企業は，共通スタンダード，セクター別スタンダード，項目別スタンダードとして構造的に開示をしている。
TCFDに基づく開示	2022年５月の株主総会以降，プライム市場上場企業においてTCFDに基づく開示が求められるようになり，気候変動への取組みが開示されるようになった。 ISSB基準の４つのコアとなる要素は，TCFDの提言を基礎として作成されている。
CDP質問書	2022年の実績で，1,700社以上の日本企業がCDPを通じて環境関連の情報開示を行っている。現在はTCFD提言をベースとした枠組みが採用されており，S2基準の枠組みが2024年のレポーティングから反映される。サステナビリティに関する評価機関は多数あるが，CDPは各社がCDPへの質問に回答をすることでそれに対して評価がなされるという特徴がある。
ESRS（CSRD）に基づく報告対応	欧州におけるサステナビリティ基準であり，2024年１月以降に開始される報告期間を対象として，欧州で一定規模以上の企業で段階的に適用される基準。欧州で事業を展開する企業はその準備のために情報を収集している場合がある。

項を満たしているかといった検討が考えられますが，まずは外観をとらえることが目的ですので表形式で取りまとめ，段階的に細かく詳細を書き込めるようにするとよいでしょう。

自社ですでに入手されている情報について調査・分析を実施する場合は，情報を管理している部署に対して詳細を確認することで，項目ごとにどこの部署の，誰が主体となって，どのように情報を管理しているのかを整理することが可能になると考えられます。

図表4－5 データ収集のイメージ

項目	開示媒体	情報提供部署	情報の粒度	開示内容	備考
ガバナンス	有価証券報告書 統合報告書	法務部	◎	有報 P.xx IR　P.xx	
戦略	有価証券報告書 統合報告書	経営企画部 各事業部	△	有報 P.xx IR　P.xx	
リスク管理	有価証券報告書	法務部，コンプライアンス部	○	有報 P.xx	
指標と目標	統合報告書	各事業部	△	IR　P.xx	
気候変動	TCFDレポート ESGデータブック	環境部	×	定量情報が少ない	スコープ3の情報が未了
社会性情報	有価証券報告書 サステナビリティレポート	人事部	△	有報 P.xx サスレポ P.xx	海外子会社の情報がない
生物多様性	サステナビリティレポート	調達部	×		
廃棄物	統合報告書	総務部	△	IR　P.xx	特定工場のみしか情報がない

そのうえで，その情報はすでに企業グループ全体に関する情報となっているのか，それとも対象がグループの一部に限定されており，特定の部署や子会社については情報が漏れてしまっているのか，といった観点で情報を分析していくことが重要です（図表4－5参照）。

これらの情報の多くは会社のウェブサイト等の公開情報で集められる場合が多いので，小規模のメンバーで遂行が可能と考えられます。この分析を通じて，目指すべき開示のゴールと現在地のギャップが大まかに把握することができます。ロードマップ上の正式な開示からバックキャストする形で，余裕をもってなるべく早い時期に実施することが望まれます。

ギャップ分析の結果，ある程度情報が集まっていることが確認できれば，余裕をもって準備に取り組むことができますが，必要な情報があまり揃っていないと見込まれる場合は，より強力な体制をもって臨まなければ，必要な情報を収集できる体制を構築するにはスケジュールに間に合わないことがわかります。

いずれにせよ，ギャップ分析の完了後に対応方針の策定，工数の見積り，プロジェクトチームメンバー（プロジェクトオーナーやマネージャーの任命を含む）を詳細に検討する必要があります。

プロジェクトを進める初期段階においては，詳細部分への対応よりも，ISSB基準に基づく開示を行うにあたって対応が必要となる優先事項を適切に把握することにより，以降の詳細ステップがスムーズに進められます。

第2節 詳細検討

1　マテリアリティ（重要性がある情報）の検討

ここまで，ISSB基準に基づくサステナビリティ関連財務情報開示への対応の進め方の全体像について解説してきましたが，本節では，プロジェクトの中で検討する必要がある重要性がある情報について，どのように検討するかについて解説します。

(1)　マテリアリティ（重要性がある情報）とは

重要性があるか否かについては，企業は，識別したサステナビリティに関連するリスクまたは機会に関する重要性のある情報が，単独でまたは他の情報と組み合わせて，全体としてみた企業のサステナビリティ関連財務開示の文脈において重要であるかどうかを評価しなければならず，当該情報に重要性があるかどうかを評価する際には，定量的および定性的要因の両方を考慮しなければなりません［S1.B21］。

IFRSサステナビリティ開示基準は不確実な将来起こり得る事象に関する情報の開示を要求する場合があり，そのような事象が重要かどうかを判断するにあたり，企業は短期，中期，長期にわたる将来のキャッシュ・フローの金額，タイミング，不確実性に対する潜在的な影響とその範囲，発生可能性を考慮します［S1.B22］。

(2)　発生可能性と影響額の検討

マテリアリティを検討する際は，将来において起こり得る事象の発生可能性とその影響の両方を検討する必要があります。発生可能性が高く影響が大きい事象は重要性がある情報と判断される可能性が高まりますが，発生の可能性が低い事象でも影響が大きい事象は個別に，または他の発生可能性は低いが影響が大きい結果に関する情報と組み合わせて重要性について検討する必要があります［S1.B23］。

例えば，企業は複数のサステナビリティに関するリスクにさらされ，それぞれが企業のサプライチェーンの中断など，同じ種類の混乱を引き起こす可能性があります。個々のリスク要因の発生可能性は低いと判断するかもしれません。ただし，全体的なリスク（それらのリスク要因が顕在化しサプライチェーン全体が寸断されるリスク）に関する情報は重要性がある情報（定量的に重要）とみなされる場合があります［S1.B23］。

時間軸の観点では，近未来に発生が予見される事象のほうがより遠い未来で予見される事象よりも発生可能性は高いと考えられますが，特定のサステナビリティに関連するリスクや機会に関する情報が，企業の一般目的財務報告の主たる利用者によって精査される場合（企業買収に際してのデューデリジェンス等が考えられます）は将来事象の発生時期にかかわらず重要（定性的に重要）と判断される場合もあります［S1.B24］。

逆にIFRSサステナビリティ開示基準で要求されていても，その情報が企業にとって重要性がない場合は，開示する必要はありません［S1.B25］。

⑶　重要性の判断の再評価

重要性の判断は，状況や仮定の変化を考慮して各報告日に再評価する必要があります。重要性の判断の変更により，過去において重要と判断していたものが重要ではないと判断される場合やその逆もあります［S1.B28］。

⑷　重要性の閾値の設定

実務上の検討に際しては，重要性の閾値をどこに設定するかでその後の業務負担が大きく変わります。

⑸　トピックの選定

サステナビリティ情報における重要性の検討に際しては，環境･社会･ガバナンスの中でどういった課題が重要なのかの検討と，識別されたトピックの中で，さらにどの項目を開示するのかを選定するための重要性の検討が考えられます。

トピックの選定に際しては，例えば食品に携わる企業，綿や絹などの自然由来の動植物を利用する企業にとって生物多様性は重要なトピックと考えられますが，ITサービスを提供するような会社では人的資本や，災害時のバックアップ体制などのほうが相対的な重要性が高いサステナビリティ情報として認識されると一般的に考えられます。

次に，選定されたトピックごとに重要性を検討する必要があります。トピックごとに表示の単位，算定基準は全く異なりますので，開示項目ごとに重要と考えられる閾値は異なります。

(6) 一般目的財務報告の利用者の視点

重要性の検討に際しては，一般目的財務報告の主要な利用者の視点から想定される重要性を考慮する必要があります。一般目的財務報告の個々の主要な利用者は，場合によって矛盾した情報のニーズを持っているかもしれません。また，時間の経過に伴い，主要な利用者のニーズは変わる可能性があります。基準は主要な利用者の共通の情報ニーズを満たすことを目的としています［S1.B18］ので，逆にいえばすべての利用者のニーズに応えることを意識しすぎる必要はないともいえます。

開示するかしないかについては経営者の判断が行使されますので，開示をする項目，しない項目のそれぞれについて，なぜ開示するのか、またはしないのかを整理して文書化しておくことが大切です。これによって，将来的に企業を取り巻く環境に変化が生じ，仮定を変更し重要性を見直しする際に，過去の判断根拠を参照したうえで，企業として一貫した判断をすることが可能となります。

また，設定した重要性については，経営者の感覚と一般目的財務報告の利用者の視点が同じであるかどうかを検証するために，社外取締役やIRのイベントにおける投資家からの意見，取引先企業との対話等において，主要な利用者が重視している指標や注目している開示内容について直接聞いてみるとよいでしょう。こうしたステークホルダーとの対話を通じて，以後のリスクおよび機会の識別や評価を進めていく際に，設定した重要性を考慮しながら検討を進めていくことになります。

2　詳細ギャップ分析の実施

マテリアリティについて一定の整理ができたら，ここから先は各項目において詳細な分析を進めていく必要があります。具体的には，ガバナンス，戦略，リスク管理，指標と目標のコアとなる要素について検討を進めていくことになります。ガバナンスなど，本社主導で進めやすい項目もありますが，トップダウンでは必要な情報が必ずしも収集できない項目については，収集する情報を整理し，担当者を指定して効率的に情報が収集できるような体制を構築することが重要です。

海外子会社においては，適切な担当者がいない状況も想定されるため，必要な情報が集まりにくい場合が考えられます。その場合は，単に情報がある／ないといった整理のみならず，情報を収集する体制があるのか，あるとするならばどの部署が管理しているか，情報の品質はどうかといった視点で分析結果を

図表４-６ 詳細検討の取りまとめのイメージ

担当部門	担当者	カテゴリー	識別された課題	対応方針	対応期日	進捗状況
○○部	A	気候関連	子会社Ｓのエネルギー使用量（ガソリン，軽油）データが整備されていない	データの整理	○年○月末	現地対応中
	B	水	○○工場の取水データの証憑が入手できていない	開示対象データについて検討	○年○月末	未着手
□□部	C	人権	子会社によって管理職の定義が異なる	会社ごとにリスト化し整理	…	…
	D		…	…	…	…
△△部	E		…	…	…	…
	F		…	…	…	…

取りまとめていく必要があります（図表４－６参照）。また，どの程度まで詳細な情報を収集するのかについては効率性や項目・対象会社の重要性を考慮しつつ必要十分な情報が収集できるように整理をすることが重要です。

この詳細検討の過程で，識別された課題を論点ごとに取りまとめていくことが必要です。課題を文書化し，全体で共有し，随時更新を図ることで全体の工程を遵守できることが可能となります。

3　ガバナンス体制の構築

ガバナンスに関するサステナビリティ関連財務情報開示の目的は，一般目的財務報告の利用者が，企業がサステナビリティ関連のリスクと機会をモニタリングおよび管理するために用いるガバナンスのプロセス，統制および手続に関して理解できるよう，各種情報を開示することです［S1.26］。

いずれの企業においても，ガバナンス体制はある程度整備されていることが想定されますが，サステナビリティに関連するガバナンスが十分かつ適切に整備されているかについて見直しをする必要があります。

例えば，サステナビリティ委員会といった名称の組織を設定している場合でも，以下のような確認が重要となります。

- 何を目的として，どういった計画を有するのか
- 実態としてどのような機能をしているのか
- 計画に照らして組織の座長や構成メンバーの陣容は適切か
- 計画は実行されており，進捗は定期的に報告されているか
- 実行された活動の効果は有効か

⑴　ガバナンス責任者についての開示

ガバナンス責任者は，適切なガバナンス体制を構築・整備することで，企業が行うサステナビリティ関連の活動を管理・監督することが求められます。

具体的に，S1ではガバナンス責任者（組織を含む）について，以下の項目の

開示が求められています［S1.27(a)］。

①　責　　任

サステナビリティ関連のリスクと機会に対する責任がどのように反映されているか

サステナビリティに係る活動は，企業の重要な活動目標である短期・中期の収益や費用管理との関連で，目的や内容が曖昧になりやすい活動です。したがって，ガバナンス組織の目的，権限，責任者，責任部署における活動計画，活動実態の把握，責任部署の役割や責任を整理する必要があります。

②　能力（スキルとコンピテンシー）開発

サステナビリティ関連のリスクと機会に対応するために設計された戦略を監督するために，適切なスキルとコンピテンシーが利用可能かどうか，または開発されるかどうかを機関または個人がどのように決定するか

サステナビリティ関連のリスクと機会に対応するために設計された戦略を管理・監督するためには，組織横断的にコミュニケーションを図る調整能力や，多岐にわたるサステナビリティに関する理解が求められます。ガバナンスの観点では，そういった能力や知識が組織の中にあるのか，または開発される予定があるかをどのように判断しているかについて開示が求められています。

③　報告の頻度

組織または個人が，サステナビリティ関連のリスクと機会についてどのように，かつ，どの程度の頻度で通知するか

ガバナンス組織に対して，リスクと機会の性質，重要性等に応じて適切な頻度で報告がされているかを確認することが重要と考えられます。少なくとも年

一度，もしくはより頻度高く四半期ごとにその状況を報告することが想定されます。

④　意思決定への関与

> 企業の戦略，主要な取引に関する決定，リスク管理プロセス，および関連するポリシーを監督する際に，組織または個人がサステナビリティ関連のリスクと機会のトレードオフを含めどのように考慮するか

ここでは，主要な取引に関する決定を行う際に生じ得るトレードオフの例について簡単に解説します。

例えば，発電事業を営む企業において企業の全体的な戦略として温室効果ガスの排出量を2050年までに大幅に削減する計画を掲げているケースを想定します。収益拡大のためには化石由来のエネルギー源を使用するほうが収益面で優位となる場合において，サステナビリティ上の計画や方針とは一致しない可能性があります。他の例では，主要な取引先の決定に際し，低コストではあるが，人権侵害を及ぼしているサプライヤーと取引をしてしまうかもしれないリスクが生じる可能性があります。このような取引先との関係は，レピュテーションリスクを高める恐れがあります。

ガバナンス責任者が主要な戦略策定，意思決定を行う際に，このようなトレードオフの検討を含め，どのようにサステナビリティ関連のリスクと機会を考慮しているかの開示が求められます。

⑤　指標と目標の管理

> 組織または個人が，サステナビリティ関連のリスクと機会に関連する目標の設定をどのように監督し，それらの目標に対する進捗状況を評価しているか（関連する業績指標が報酬の策定方針に含まれているか，またどのように含まれているかを含む）

日本企業においては，サステナビリティに関する目標を達成したらインセンティブボーナスが支払われるようなケースは，欧米に比べると限定的かもしれませんが，ガバナンス責任者に対して明確な権限と責任を持たせ，一定の成果をあげたら，報酬という形で報いることを明記することで，ガバナンス責任者の意欲向上に効果的となる場合があります。実際に，役員報酬についてサステナビリティに関する目標の達成が報酬に考慮されている旨を開示している企業は増加しています。ただし，サステナビリティに関する取組みは，通常の業績に比べると，システム等で管理されていない分，指標のモニタリングに対する内部統制が弱いと考えられるため，関連する業績指標が適切に算定できる内部統制の構築も重要となります。

(2)　経営者の役割についての開示

S1ではガバナンス責任者の役割に加えて，ガバナンスのプロセス，統制および手続における経営者の役割について以下の項目の開示が求められています［S1.27(b)］。

> ①　役割が，特定の経営者レベルの役職または経営者レベルの委員会に委譲されているかどうか，およびその役職または委員会に対して監督がどのように行使されているか。
>
> ②　経営者がサステナビリティ関連のリスクと機会の監督をサポートするために統制や手続を用いているかどうか。もしそうなら，これらの統制と手続が他の内部機能とどのように統合されているか。

①に関しては，例えば，企業によってはサステナビリティ推進委員会といった組織を設定しており，委員メンバーとしては各部門の責任者が含まれていることが想定されます（経営企画部，サステナビリティ推進部，財務部，調達部，営業部，生産管理部，法務部，総務部，研究開発部，人事部等）。委員会での決定事項は各部門責任者が推進の責任を担い，担当者ごとに推進していきます。ここでいう各部門責任者を適切なレベルの役職者として考えるとわかりやすい

でしょう。各部門の責任者は部門の活動計画の中でサステナビリティに関する手続や統制活動を定め，結果をサステナビリティ推進委員会で報告することで，組織全体の進捗状況をサステナビリティ委員会として取りまとめ，さらなる活動計画の策定，推進へとつなげていきます。

4　戦略の構築

(1)　戦略に関するサステナビリティ関連財務情報開示

戦略に関するサステナビリティ関連財務情報開示の目的は，一般目的財務報告の利用者がサステナビリティ関連のリスクと機会を管理するための企業の戦略を理解できるようにすることです［S1.28］。

具体的には，企業の見通しに影響を及ぼすと合理的に予想し得るサステナビリティ関連の以下の点について開示を求めています（詳細は第２章第５節**2**参照）。

① リスクと機会
② ビジネスモデルとバリューチェーンに及ぼす現在および予想される影響
③ 企業の戦略と意思決定に及ぼす影響
④ 現在と将来に及ぼす財務的影響
⑤ リスクに対する企業の戦略とビジネスモデルのレジリエンス

ISSB基準では企業の見通しに影響を与えると合理的に予想されるサステナビリティ関連のリスクと機会について説明するとありますが，実務上はどのように対応を進めたらよいのでしょうか。

企業の見通しに影響を及ぼすと考えられるサステナビリティ関連のリスクと機会の検討に際しては，S2基準で具体的な要求事項が存在する，気候変動関連のトピックスから着手すると取り組みやすいので，以下では気候変動に係るリスクと機会について説明します。気候変動については第３章第２節も併せて参照ください。

①　リスクと機会

気候関連のリスクには，移行リスクと物理的リスクが存在します。

移行リスクは低炭素経済への「移行」に関するリスクで，政策・法規制，技術，市場，評判といった要素に分解して捉えることができます。

物理的リスクとは，気候変動による物理的変化に関するリスクを指していますが，台風・洪水のような異常気象の進行・増加等の急性リスクと，降雨や気象パターンの変化，平均気温の上昇，海面上昇等による慢性リスクがあります。

機会という観点からは企業が所属するセクターや市場の環境に応じてさまざまな事業上の機会が考えられます。資源の効率性という観点では，資源のリサイクル化や交通・輸送手段の効率化が進むということや，脱炭素社会に向けてさまざまな技術革新の機会，新製品，新市場の創出などが考えられます。

②　ビジネスモデルとバリューチェーンに及ぼす現在および予想される影響

これらのリスクや機会は企業の財務情報のどこに影響を与えることが見込まれるでしょうか。仕入価格に影響を及ぼすもの，人件費に影響を及ぼすもの，キャッシュ・フローに影響を及ぼすものなどをそれぞれ評価していく必要があります。

例えば，製造小売業を営むアパレル企業を例に考えてみましょう。日本に複数の大規模物流センターを有し，そこから各店舗に商品を供給していたとします。４℃シナリオに基づいてリスク評価を行った場合，気温の上昇の結果として，冬物衣料が売れなくなるという影響があるかもしれません。また，温暖化の影響で，従前インドなどで栽培していた綿花が栽培不可能となり，調達先の変更を余儀なくされるリスクがあるかもしれません。

また，台風・洪水などの異常気象が頻発し，物流網が被害を受け，結果として，商品の供給ができなくなるかもしれません。その際，収益に影響を及ぼすことが考えられます。さらに，物流センターが海岸線，河川付近にある場合は，海面の上昇や河川の頻発的な氾濫によりやはり物流が機能しなくなる可能性があります。場合によっては，将来的に物流拠点の移転を事業計画に織り込む必要があるかもしれません。

③　企業の戦略と意思決定に及ぼす影響

前述のようなリスクを回避するために，物流拠点の移転が決定している場合は，財務諸表において，減損の検討や，減価償却の見積期間が適切かといった追加的な検討が必要です。ここでは，事業上の拠点を検討する際の気候変動の考慮を例に挙げていますが，人権問題，生物多様性，汚染問題など，想定されるリスク要因ごとに企業の戦略と意思決定に及ぼす影響を考慮する必要があります。

④　現在と将来に及ぼす財務的影響

企業は戦略とバリューチェーンに及ぼすと合理的に予想し得るリスクと機会を記述し，短期・中期・長期においてどのように財政状態やキャッシュ・フローに影響を及ぼすのかを開示することが求められています。これらをわかりやすく図解したものが図表４－７です。

短期・中期・長期の時間軸は企業によって異なり，多くの要因に依存するため［S1.31］，基準ではそれらの時間軸が何年後の将来を指すのか，具体的な定義は示していませんが，企業が短期・中期・長期をそれぞれどのように定義しているのか，および，これらの定義が戦略的意思決定のために企業が使用する計画期間とどのように関連しているかの開示が求められています［S1.30］。

⑤　リスクに対する企業の戦略とビジネスモデルのレジリエンス

リスクと機会の評価に対して企業はどういった戦略とビジネスモデルを立てているのかの開示が求められています。企業が持つ戦略やビジネスモデルが将来の変化に対してどの程度レジリエンスがあるのかについて開示する必要があります。

図表４－７　気候関連リスクと機会が与える財務影響の例

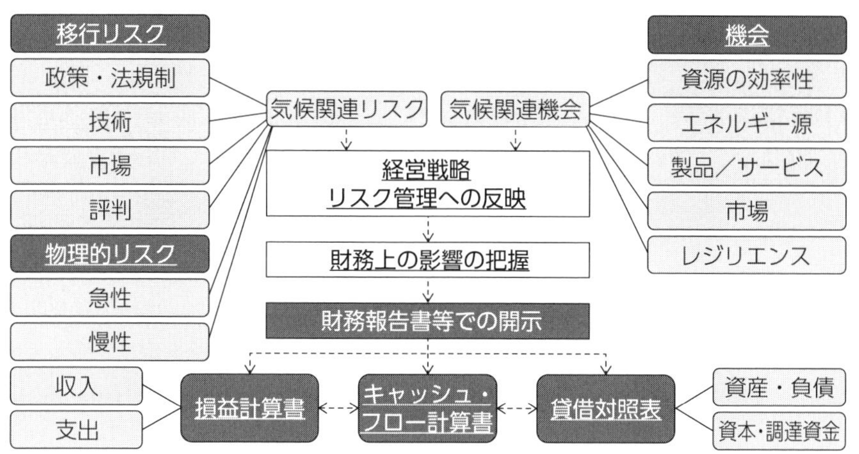

（出所）　TCFDを活用した経営戦略立案のすすめ～気候関連リスク・機会を織り込むシナリオ分析実践ガイド　2022年度版～（環境省）

⑵　シナリオ分析

①　シナリオ分析の方法

リスクと機会を検討するに際しては，シナリオ分析が有効です。シナリオ分析とは未来に起こる可能性のある出来事を予測し，それによる影響から必要な対応策を検討するための手法です。シナリオ分析においては，気候変動に関する政府間パネル（IPCC）等の権威のある公表データを用いて想定されるシナリオをベースにして，各ステークホルダーや企業に影響を及ぼす事項をより具体的に検討します。

具体的には，想定される各シナリオの環境の下，政府，金融機関，投資家，サプライヤー，従業員，顧客，環境保護団体，人権保護団体など，重要なステークホルダーがどういった影響を企業に及ぼすのかを検討する必要があります。

また，天候，気候の将来的な変動や自然資源の枯渇などの外部環境の変化が，企業の事業活動に及ぼす影響としてどういったものがあるかを検討する必要もあります。

まずは，影響の多寡にかかわらず項目を列挙することを推奨します。企業によっては，単一の事業を行っている場合や複数の異なる事業を行っていることが想定されます。例えば，類似の事業を行っている場合は想定されるリスクや機会も類似しているかもしれませんが，異なる事業を展開している場合はそれぞれ別個の企業のように検討をしなければならないかもしれません。

なお，財務インパクトを見積る際は想定されるシナリオ下における短期・中期・長期における影響を見積る必要があります。

② 1.5℃シナリオと4℃シナリオにおけるリスクと機会の検討

シナリオ分析において多くの企業が採用しているシナリオとしては，気候変動への対策を政府や民間企業が積極的に取り組む結果として地球の気温の平均上昇を1.5℃以下に抑えることに成功するシナリオと，あまり気候変動に対して積極的に取り組まなかった結果として地球の気温が4℃上昇するシナリオがあります。

それぞれのシナリオ下において，企業の各事業にどういった影響が見込まれるのかを見積ることで移行リスク，物理的リスク，機会に関する影響を考慮します。

例えば，1.5℃シナリオにおいては，石油資源を原材料として利用する製品を生産・販売する事業の場合は，規制上の要求から石油資源の使用が制限される，または使用を継続した場合は経済的な負担が著しく増すといったリスクが想定されます。そういった環境下において，事業に及ぼす影響やその財務インパクトを見積る必要があります。権威のあるシンクタンクの公表データを用いて将来的な石油価格，各国の炭素価格等を見積ることで，事業における仕入原価の変動性をより具体性をもって見積ることができます。

一方，こういった脱炭素社会に向けては多くの投資がなされ，非化石由来の原料の開発や，技術革新により，石油資源を利用しないまたはより少ない量での製品開発が可能になる技術革新が進む可能性が考えられます。将来的な市場の予測やそこへ向けての研究開発に関する情報は，投資家にとって関心が高い領域と考えられます。

4℃シナリオにおいては，台風やその逆で干ばつが頻繁に発生したり，気候が変動し，農作物においては従来の地域で取れたものが収穫できなくなったりするといった影響が考えられます。

これらの影響については，サプライチェーン全体で評価する必要があることから，例えば，海外から資材を調達している企業においては海外における影響も考慮する必要があります。このため，シナリオ分析においては検討すべき項目が多岐にわたることが想像できます。

参考　影響額算定の実務上のポイント

2019年に，台風19号が東日本を中心に通過した際に河川が氾濫し，甚大な被害をもたらしました。この災害により，多くの企業において工場，倉庫が浸水しサプライチェーンが寸断し，操業不能な状況が発生し，企業のリスク管理のあり方を見直すきっかけとなりました。こういった災害の経験に基づいて，将来発生するリスクを見積ることも考えられます。また，対応策を講じているのであれば，同じ規模の台風が来たとしても，結果として被害は発生しないと結論付けることができるかもしれません。企業におけるリスクや機会の見積りについては，必ずしも決まった形式があるわけではありません。重要な点としてはどういう前提をおいて計算したのかを適切に記録，必要に応じて開示することです。将来的に前提が変わった際に見積りの変更について説明が求められると考えられますので，いつ，どこの部署が作成したのかを明確に文書として残し，必要に応じて見直すようにするとよいでしょう。

以上のように，一定のシナリオ下において想定される影響をプラスの面とマイナスの面から検討し，その影響を開示することが求められています。

また，IFRS S1は気候関連以外のサステナビリティ項目についても，識別されたリスクと機会に関する情報に重要性がある場合には開示対象範囲としている点に留意が必要です（ただし，S1とS2の適用初年度に限り，気候関連以外の項目を省略できる救済措置が選択できます）。

(3) 他基準の参照

IFRS S1では関連するIFRSサステナビリティ開示基準がない場合，一般目的財務報告の利用者の意思決定に関連性があり，サステナビリティに関するリスクおよび機会を忠実に開示するためにSASB基準の参照を要求します［S1.57 S1.58(a)］。

また，IFRSサステナビリティ開示基準と矛盾しない範囲など，一定の要件の下でCDSB基準，GRI基準，ESRS（欧州サステナビリティ報告基準）などを参照することが可能です［S1.58(b)(c)］。

参考として，気候変動以外の社会情報の例としては，ESRSでは以下の４つの項目に関してテーマ別基準が存在します。

- 自社の従業員（ESRS S1）
- バリューチェーン内の労働者（ESRS S2）
- 影響を受けるコミュニティ（ESRS S3）
- 消費者およびエンドユーザー（ESRS S4）

IFRS S1の特徴として，開示される情報の範囲は，サステナビリティ関連のリスクと機会が報告企業（バリューチェーンを含む）に及ぼす影響を考慮して決定されることが挙げられます。したがって，バリューチェーン内の企業の仕入先や顧客等に関するリスクや機会の観点での検討も必要です。特に，自社の従業員やバリューチェーン内の労働者は企業の将来的な収益の重要な源泉であると考えられることから，有益な人材を獲得・維持できないリスクや，人権に関する問題が露呈した場合のリスクなど，一般目的財務報告の利用者にとって重要な情報と考えられる可能性もあります。

また，ESRSでは気候変動を含む環境項目として，以下の５つの項目に関してテーマ別基準が存在します。

- 気候変動（ESRS E1）

- 汚染（ESRS E2）
- 水と海洋資源（ESRS E3）
- 生物多様性と生態系（ESRS E4）
- 資源利用とサーキュラーエコノミー（ESRS E5）

ISSBのS2基準は気候変動を取り扱った開示基準ですが，ESRSの環境項目のテーマ別基準として扱われているその他の項目は気候変動の「自然（nature）」的側面であり，S1基準およびS2基準を適用する場合にも，重要性がある場合には開示がすでに必要と考えられている点に留意が必要です。

ISSBは2023年７月の会議で，この点を明確にすべく，気候変動の自然的側面や社会的側面（例：「公正な移行」を含む）について，S2基準の規定の適用方法についての企業の理解を向上させる目的で，教育的マテリアルを開発することを暫定決定しています。

リスクと機会を適切に識別・評価することは，企業全体のリスク管理プロセスそのものであり，識別されたリスク・機会を出発点として企業の戦略を構築することができます。

5　リスク管理

リスク管理とは，一般目的財務報告の利用者が，サステナビリティ関連のリスクと機会を企業がどのように識別し，評価を行い，優先順位付けを行い，モニタリングするのかのプロセスを理解し，それらのプロセスが企業全体のリスク管理プロセスにどのように統合されているかの情報を提供することです[S1.43(a)]。

前述の戦略において，実際に企業でどのようにリスクや機会を識別したのか，どういった情報源を利用したのか，シナリオ分析を実施したのか，リスクの影響，性質，発生可能性，影響度をどのように考慮したのか（例えば，企業が定性的要因，定量的閾値，またはその他の基準を用いたか）等を整理して開示することが求められています。

したがって，リスクを識別する際には，それぞれの項目の発生可能性や影響度，そして質的特性を考慮することが重要です。

また，単に日本国内のみを考慮するのではなく，企業グループ全体の観点から，事業を営む地域において重要な影響がないかの検討が必要です。例えば，欧州において事業展開する企業は，気候変動についてEUが日本より積極的な政策を推進しており，2035年以降は温室効果ガス排出をゼロとみなす合成燃料を使用する場合を除き，エンジン搭載の自動車の新車販売が不可となるといった法律の施行への対応が求められます。また，グループ企業が事業展開をする，より細かな地域ごとのサステナビリティに関する規制リスクを検討する有効な仕組みが社内にあるかの検討が必要です。

リスク管理に関する開示としては，リスクの識別，影響の評価，モニタリングをどのように行っているのかのプロセスと関連する方針を開示することが求められています［S1.44(a)］。

例えば，売上に影響を及ぼすものであれば営業部，仕入に影響を及ぼすものであれば購買部，規制や法律に関するものであれば法務部，それら全体としての概要であれば経営企画部が情報を有しているケースが考えられますが，海外の情報を含め，リスクの収集体制が十分であるかを確認することが重要と考えられます。

一方で，企業はサステナビリティに関する活動のみをしているわけではありません。通常の企業活動を行っていくうえでは，企業にはさまざまな戦略があり，サステナビリティにかかわらずさまざまなリスクもあります。リスク管理に関しては，サステナビリティに関するリスクの識別や管理活動が，その他のリスク管理プロセスとどのように統合され企業グループ全体のリスクマネジメントプロセスに統合されているのかの開示も求められています。

企業によってはリスク管理委員会といった組織を設けている場合もありますが，一方でサステナビリティ委員会という組織も別途設けている場合も想定されます。各組織の関係や役割を整理してガバナンス構造の説明でわかりやすく図示するとよいと思われます。

なお，リスクだけでなく，機会についても識別し，評価を行い，優先順位付けを行い，モニタリングするためのプロセスの開示が求められています［S1.44(b)］。企業価値を正しく投資家に理解してもらうためにも，機会を適切に識別・管理し，報告することが重要となります。

参考　サステナビリティに関するリスク管理の実務上のポイント

多くの日本企業において，地震や台風に対する災害対策の観点からリスク管理プロセスをすでに整備していると考えられます。ただし，最近設立された，サステナビリティ委員会等における，サステナビリティに関連するリスク管理プロセスと既存のリスク管理プロセスの業務の整理ができていない企業が多いと考えられます。実質的なリスクの識別プロセスや，その後のモニタリングプロセスにおいても，共通するところは多いと考えられますので，両プロセスの違い，共通点を整理し，実務において，効率的に検討ができるようにしましょう。内部統制の構築に関わる部分なので，財務部門，内部監査部門を巻き込むと効果的です。

従前のリスク管理プロセスと大きく異なる点は，サステナビリティについては機会（アップサイドリスク）についての検討が必要である点です。機会に関しては営業部門，経営企画部門，または研究開発部門等が将来への事業機会に関する情報を有していると考えられます。リスク管理で重要なポイントは，企業グループとしてどのようにリスク評価のサイクルを回すかを整理することです。

リスクの識別 ➡ リスク評価 ➡ 対応方針の策定 ➡ 管理活動
➡ モニタリング ➡ 目標の設定 ➡ リスクの識別

6　指標と目標の整理

(1)　指標と目標

指標と目標に関するサステナビリティ関連財務情報開示の目的は，一般目的財務報告の利用者が，企業が設定した目標，法律または規制によって達成が義務付けられている目標への進捗状況を含む，サステナビリティに関連するリスクと機会に関する企業のパフォーマンスを理解できるようにすることにあります［S1.45］。

具体的には，将来の見通しに影響を与えると合理的に予想し得る個別のサステナビリティ関連のリスクと機会ごとに，以下の(a)(b)両方の開示が求められています［S1.46］。

(a) 適用されるIFRSサステナビリティ開示基準で要求される指標
(b) 企業が測定およびモニタリングするために使用している指標

また，開示される指標には，特定のビジネスモデルや活動，ある産業への参画を特徴付けるその他一般的特徴に関連する指標（いわゆる産業別指標）が含まれなければならないとされています［S1.48］。

(2) 企業によって開発された指標

開示した指標が企業によって開発された指標である場合，上記に加え，企業は以下の(a)から(d)までの情報を開示することが求められます［S1.50］。

(a) 情報源に関する説明
(b) 指標の性質（絶対的な指標か，他の指標との関係で表される指標か，または定性的な指標か）
(c) 第三者による検証について
(d) 指標の計算方法，使用した方法の限界と重要な仮定

また，企業戦略の最終目標の達成に向けた進捗状況を評価するために設定された目標や，法規制によって達成することが義務付けられている目標に関する情報も開示しなければなりません（指標と目標の詳細は，第２章第５節**4**を参照ください）。

サステナビリティ関連の開示を作成するに際して大切なことの１つとして，投資家の意思決定に役立つ重要性があるサステナビリティ関連の財務情報を提供することがありますが，具体的には，企業が長期的価値創造において事業活

動を営むうえで予見されるリスクや機会に対してどういったガバナンス構造をもって，どういった戦略を立てて経営を進めていくのかについて，適切な情報を提供することが重要です。経営者の視点では，指標や目標は企業が長期的価値を創造する戦略を達成するうえで，短期・中期・長期の視点で進捗状況を開示するためにあると考えられます。

一方，投資家の視点としては長期的に価値を創出すると考えられる企業を見出すために，類似企業を比較するうえで重要な情報が求められることから，企業間の比較可能性も重要な要素となりますので，基準の開示要求事項のポイントを適切に押さえておく必要がある点に留意が必要です。

そのため，基準に沿って各種指標や目標を開示することは比較可能性を担保するうえで重要なことです。さらに，企業が真に長期的に価値を創造していくために経営者が着目している指標や目標を開示することは，一般目的財務報告の利用者との対話を促進していくうえで非常に重要です。

多くの企業において，中期経営計画として３年程度の計画を策定していますが，サステナビリティの観点では時間軸が５年，10年，20年とより広範であり，そこまで長い経営計画を有する企業は多くありません。したがって，５年，10年，20年という期間で経営計画を策定する場合は，より大きな視点で大まかな計画を立てることから始めている企業が多いと考えられます。

例えば，COP27において日本政府が公表した2050年までにネットゼロを目指すという指標を企業として掲げるのも１つの目標として考えられます。

指標と目標を設定する際に留意するべき事項として，企業理念，ミッションやパーパスと整合していることが重要です。これらの項目は企業によって表現の仕方は異なりますが，一般的に大きく変化するものではないと思われます。ただし，中期経営計画よりも長い期間で考える未来を検討する際は，常に変化する外部環境を踏まえ，企業の目指す方向性と矛盾しないように留意が必要です。

例えば，企業が自らの事業の使用電力を100%再生可能エネルギーで賄うことを目指しているとします。再生可能エネルギー電力には太陽光発電，風力発電，水力発電，バイオマス発電，地熱発電などがあり，再生可能エネルギー電力の調達方法としては直接調達，再エネ電力メニューの購入，再エネ電力証書の購入などが考えられます。これらの調達方法にはそれぞれメリットとデメリットがあるので，コストを抑えながら再エネ比率を上げていくために，企業は自社の経営に合った調達方法を選択することになります。

参考　**GHGプロトコルおよびRE100の実務上のポイント**

スコープ２排出量について契約証書を使用する際に，契約証書のヴィンテージ（エネルギー生産日）とESGレポートの報告期間にずれが生じ，期間帰属の問題が生じる場合があります。GHGプロトコルには，ヴィンテージと報告期間は「近い時期」であることとの記載がありますが，「近い時期」については具体的に記されていません。米国のGreen-e®規格では，21か月のヴィンテージ要件があり，RE100はこれを合理的な慣行として推奨しています。つまり，証書に記載されているヴィンテージが，報告期間の前６か月～後３か月の21か月の間に入っていれば使用できると考えられています。これとは異なる規格の場合であっても，この考え方は１つの目安になると考えられます。

また，契約証書を使用する際に，企業の所在国とは異なる国の契約証書を使用できるのかが問題となる場合があります。GHGプロトコルでは，同一国または同一市場において使用可能と記載されていますが，同一市場の定義は明確に示されていません。一般的に，米国とカナダ，ヨーロッパ内は同一市場とみなされると考えられますが，2023年８月時点では中国と台湾，シンガポールとマレーシアは同一市場とはみなされていません。同一市場をどう考えるかは，①電力を輸入している，②輸出国（発電国）の証書である，③発電国，輸入国の双方の制度で流通可能である場合は，その契約証書の使用可能性を検討する余地はあると考えられます。

（参照）RE100ウェブサイトRE100 FAQs（RE100 FAQs - Aug 2023.pdf）

また，スコープ３のGHG排出量の開示を含め，情報の収集・開示が一般に困難と判断される項目については，ISSB基準は報告日時点で過大なコストや労力をかけずに利用可能な，すべての合理的かつ裏付け可能な情報を使用することで対応することを認めています（いわゆる，プロポーショナリティの原則。詳細は第２章第６節**6**を参照ください）。

このような項目については，特に適用初年度において完璧な開示を必ずしも目指さずとも，翌年以降，段階的に体制を整備していくことが可能です。

例えば，スコープ３排出量の測定においては，使用するアプローチ，インプットおよび仮定を選択する際にプロポーショナリティの原則が導入されています［S2.B39］。インプットには活動データと排出係数が含まれ，活動データには一次データと二次データがあります（詳細は第３章第４節参照）。通常，一次データは二次データよりも企業の活動をより忠実に表している可能性が高いため，一次データの使用が優先されます。しかし，一次データの入手に過大なコストや労力がかかる場合は，二次データの使用も検討することになります。

参考　GHGプロトコルの実務上のポイント

GHGプロトコルには，スコープ３カテゴリー１の算定アプローチとして以下の４つの手法が記載されています。表の一番上が一次データを使用した算定手法で，表の上のほうに行くほど企業の活動をより忠実に表していると考えられます。

算定手法	データ種類	スコープ３カテゴリー１（購入した商品やサービス）の算定方法の例
サプライヤー固有手法	一次データ	購入商品の数量（kg）×購入商品にかかるサプライヤー固有の排出係数
混合手法	一次データ，二次データ，もしくは両方のデータ	購入商品にかかるサプライヤーのスコープ１，２排出量 ＋（サプライヤーへの投入材料の重量（kg）×排出係数） ＋（サプライヤーへの投入材料の輸送距離（km）×投入材料の重量（kg）×排出係数） ＋（サプライヤーの廃棄物の重量（kg）×排出係数）
平均データ手法	二次データ	購入商品の数量（kg）×産業平均の排出係数
消費ベース手法	二次データ	購入商品の金額（円）×産業平均の排出係数

（出所）　GHGプロトコルスコープ３排出量の算定技術ガイダンスよりEY作成

排出係数は，排出量測定の基礎となる重要なインプットであり，企業の活動を最もよく表すものを使用する必要があります。海外に子会社や拠点を有している場合は，その国の排出係数が企業の活動を最もよく表すと考えられるため，子会社や拠点の所在国の排出係数を使用することになります。排出係数は毎期見直しを行い，最新の排出係数を使用する必要があります。

参 考　GHGプロトコルの実務上のポイント

GHGプロトコルでは，利用可能かつ最も適切で正確な排出係数の使用が望ましいとされています。したがって，海外に子会社や拠点を有している場合は，子会社や拠点の所在地域や国の排出係数を使用することになります。排出係数の例は以下のとおりです。

排出係数	排出係数の参考例
地域または地方の排出係数	• eGRIDアウトプット排出レート（米国） • Defraグリッド平均排出係数（英国）
国の排出係数	• IEA国別電力排出係数 • 環境省排出係数一覧（日本）

（出所）　GHGプロトコルスコープ２ガイダンスをもとにEY作成

いずれにせよ，開示実務の進展，利用可能な情報データベースの進歩，投資家との対話を通じて，継続的な改善が行われることが期待されます。

スコープ３のGHG排出量については，企業は15のカテゴリーすべての関連性を検討することが求められますが，すべてのカテゴリーがその企業に適用されるわけではなく，スコープ３のGHG排出量の測定に含める必要がないと判断する場合もあります［S2.BC110］。重要性があると思われるカテゴリーを優先的に検討し，このカテゴリーからのGHG排出量の把握，削減計画の策定・実行，またその進捗を含めた企業の現状と目標を報告することが重要です。

EYの独自調査において，日経225社がスコープ３についてどの項目を開示しているか，調査を実施しました（2023年８月時点）。図表４－８は任意開示の範囲ではありますが，企業によって開示している項目は異なっていることが読み取れます。

スコープ３は一般的に活動量×排出原単位という算式で算定されますが，この方法では活動量を減らさない限り排出量を削減することができません。スコープ３の削減努力や効果を自社の排出量に反映させるためには，サプライチェーン上の取引先と協力して改善する必要がありますが，情報共有にはコストや時間がかかります。

スコープ３は自社の総排出量の大部分を占めることが多く，カーボンニュートラルへの取組みにおいて，重要な要素です。そのため，スコープ３の削減に向けて新たなアプローチやツールの開発・活用が求められています。

ISSB基準への対応という観点では，スコープ３の算定および開示をするというところを目指しましょう。

図表４－８　日経225社におけるGHGスコープ３を開示している際のカテゴリー別の開示社数

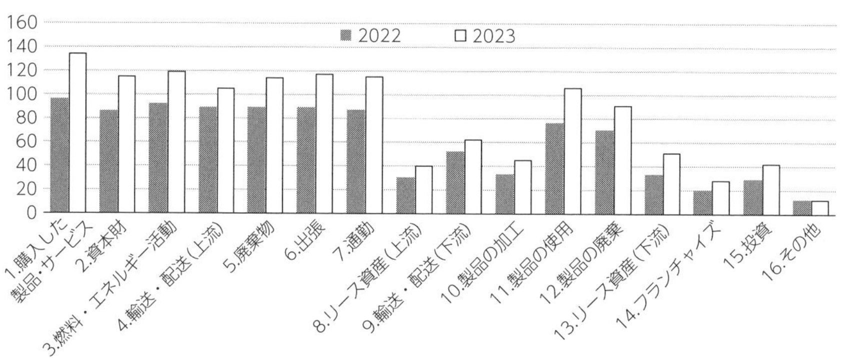

•開示している項目の変化は認められないが全体的に開示している企業数は増加傾向にある
•カテゴリー１および11は増加割合が高い
（出所）　日経225対象銘柄企業におけるTCFD開示の動向分析よりEY作成

7　開示案の作成

(1)　開示情報

IFRSサステナビリティ開示基準によって要求される情報は，一般目的財務報告の一部として開示することが求められています［S1.60］。

すなわち，日本においては，主に有価証券報告書において開示されることが考えられます。

IFRSサステナビリティ開示基準で要求される情報は，相互参照される情報が同じ条件かつ同時に利用可能であること，かつ，相互参照で情報を含めることによって完全な一組のサステナビリティ関連財務開示の理解可能性が低下しないことを条件に，相互参照により企業のサステナビリティ関連財務情報を開示することもできます［S1.63, B45］。

実務上は，有価証券報告書の中で，他の媒体で開示されている情報を参照することが想定されますが，統合報告書や，ESGデータブック等は有価証券報告書とは別のタイミングで発行される企業がほとんどなので，現実的ではないと考えられます。

(2)　報告時期

報告の時期については，関連する財務諸表と，サステナビリティ関連財務情報開示は同じになりますが，経過的な救済措置があります（第２章第６節「５　適用時期と適用初年度の経過的な救済措置」参照)。

なお，サステナビリティ関連の機会に関する情報が，基準の要件を満たす「商業上の機密」に当たる場合には，その情報がIFRSサステナビリティ開示基準によって要求されていて，かつ，重要な場合であっても，一定の開示をすることで，当該情報の詳細を開示する必要はありません［S1.73］。

(3) 報告期間

企業は，サステナビリティ関連財務開示を関連する財務諸表と同時に報告し，サステナビリティ関連財務開示は関連する財務諸表と同じ報告期間になります[S1.64]。

実際の適用時期の1年前には足りない情報があったとしても開示案を作成してみましょう。足りない部分があれば，何が足りていないのかを把握することができます。上述のとおり，適用初年度の救済措置を適用することによって開示が一部不要となる情報もあります。

8　対応案の策定および実施

(1) 対応案の策定

詳細ギャップ分析を実施し開示のドラフトを一度作成することで，足りない情報がより明確に見えてくると予想されます。ここからは分析過程で顕在化した問題点をリストアップし，優先順位，対応部署，担当者を設定し，問題点に対する対応案を策定します。

設定した担当者とは，締め切りを明確にし，全体のスケジュールに支障がないように認識のすり合わせをしておくことが大切です。

ISSB基準を導入するタイミングを踏まえて，十分な時間的余裕をもって対応案の策定を完了させないと，正式な開示時点で問題が生じる可能性が高まるので留意が必要です。

(2) 内部統制の整備

また，情報の収集に際しては，内部統制を並行して整備するようにします。

各情報の収集に際しては，企業の方針は明確か，適切な管理者が情報の正確性や網羅性について確認を実施しているかなどの点に留意が必要です。また，情報が一定のフォームで，必要に応じて統一フォーマットで収集され，収集の単位が統一されていることが開示ドラフトの作成に有用な場合が多いと考えられます。

サステナビリティに関する情報収集にかかる内部統制の整備にはさまざまな部署の人が関与します。部門も多岐にわたり，情報のレベルも異なることが想定されますので，入力ミスや入力方法について誤解，誤りが発生するのを前提として，チェックする内部統制を整備しないと，重要な誤謬となる可能性があるので留意が必要です。

内部統制の見直しに際しては，報告の対象となる主要な業務フローごとに検討する必要があります。

例えば，温室効果ガスの発生源である軽油の使用量について考えてみます。

軽油は製造現場においては重機の動力源として，事務所などでは暖房機器の熱源として，営業所においては営業車両の動力源として使用されることが想定されます。実務上は，大規模な企業であれば，まとめて定期的に購入し，タンクに保存していますが，小さな拠点では，給油の都度外部業者から購入し，請求は都度払いのケースや，月次でまとめて支払うこともあります。これらの情報を過不足なく適時に収集するには事前に情報の収集ルールを定め，周知徹底しないとうまくいきません。多くの企業において，手作業で表計算ソフトに入力したものを収集していることが想定されますので，入力誤りが発生します。

入力誤りを防ぐ予防的統制，仮に誤って入力したとしても事後的に発見できる発見的統制の検討も必要です。

(3) 情報収集とシステム改修

一方，少し目線を変えて，経費の精算という観点から考えると，給油に対する支払いについては一般的な企業であれば経費計上プロセスの過程ですでに情報を収集していることが考えられます。場合によってはシステムの改修を行うか，または効率的に情報を収集する仕組みを構築できるようシステム部との連携によって効率的に情報が収集できるかもしれません。このように，サステナビリティに関する情報は，従来存在していたが収集していなかった企業内のデータと考えられます。システム改修をする場合は時間と費用が掛かります。対応が容易なものから時間と費用が掛かるものまで種々あると想定されますので，対応策ごとに誰がいつまでに対応するのかをリスト化するとよいでしょう。

次節では，想定されるさまざまな課題について検討を行います。

第３節　その他検討すべき事項

1　情報収集時における想定される課題

(1)　企業グループ内の連携

サステナビリティに関する情報の収集に際して，関連部署の関心が低く，企業グループ内での協力体制の構築に苦悩することが想定されます。サステナビリティに関する情報は環境，社会，ガバナンスの３つの観点で考えても，組織横断的に情報を収集する体制が必要と考えられます。例えば，環境であれば環境部門，調達部門，経理部門等との調整が必要で，社会であれば人事・労務部，購買部，総務部との調整，ガバナンスであれば経営企画部門，法務部門，リスクマネジメント部門等との調整が必要です。

今後の開示の要請や規制への対応を考えると，収集する情報の粒度や頻度が増加することが見込まれる一方，関連部署からは業務負担が増えるため，関連部署からの理解が得られず，適時に情報を収集することが難しくなります。

さらに，連結子会社からの情報収集も必要となり，海外においては使用するデータの単位も異なることが考えられますので，より慎重な連携が必要と考えられます。

(2)　連結ベースでのデータ収集体制

収集する情報の範囲が連結財務諸表の作成と同一の範囲となると，大企業であれば，数百の子会社等の情報を収集する仕組みが求められます。しかしながら，親会社と子会社では事業構造，組織構造，情報システムが異なっていることが多く，サステナビリティについて必要な情報を効率的に収集する仕組みを現時点で有している企業は少ないと考えられます。

財務情報であれば，連結財務諸表を作成している企業の多くは，連結パッケージシステムを導入しており，連携されたデータに基づいて，ある程度，自動的に各子会社のデータが集計されるようになっています。

しかしながら，システムが構築されていない状況では，これらのデータ集計は手作業で実施している企業が多いと見込まれます。例えば，温室効果ガスのスコープ１のエネルギー使用量の集計においては，ガソリンの使用量，軽油，灯油などの使用量を請求データや経費の精算データに基づいてエクセルファイルに営業拠点単位で集計し，それをさらに会社単位で集計し，最終的に連結会社レベルで集計しています。一部の集計プロセスを自動化する努力は各社で実施していても，子会社レベルの情報は担当者がマニュアルでワークシートに直接数値を入力しているケースが多く，チェックする仕組みも不十分である企業が多いと考えられます。手入力をする結果として入力ミス，入力漏れ，エクセルシートの計算式の未更新によりワークシート内での計算式の更新漏れが発生します。

各社，各入力部門の担当者の理解が乏しいとデータの提出が適時になされずに，情報の網羅性が担保できない，または集計の際に二重計上されてしまうリスクもあります。

(3)　データ単位の統一

サステナビリティ情報は財務情報と異なり単位が複雑であるため，定義を統一することが求められます。エネルギーであればジュール，ワット，温室効果ガスであればt-CO2，廃棄物や水の利用量であればトン，㎥などがあります。体積の単位でいうと，日本では㎥は主流ですが，日本以外の国ではガロン，バレルといった単位で集計されている場合もあるため，注意が必要です。

また，海外子会社から情報を収集する際は，国ごとに法規制や商慣行が異なり，同じ定義でデータを収集できない場合があります。例えば，社会情報に，「女性管理職比率」がありますが，管理職という立場をどのように定義するかは国によって異なり，個別の会社ごとに細かく定義を確認していく必要があります。

実際にデータを収集する段になると，さまざまな情報が必要になることがわかり，収集するデータフォーマットが更新されていきますが，フォーマットの更新がデータ収集先に伝わっていないと，その更新漏れによるデータ集計エラー，集計し直し等の手戻りが発生することが想定されます。

このような問題をなくしていくためには，収集するデータの定義についてあらかじめ整理したうえで関連部署や子会社に周知することが重要と考えられます。

(4) 対応方針

連結子会社からのデータ収集の困難さに対しては，①企業グループ内の連携強化，②統括部署の設置と関連部署を含む職務分掌の明確化，③ITシステムの段階的導入（後述），④内部統制等の整備・運用が必要です。

企業グループ内の連携強化については，適当な職階者を早い段階でプロジェクトに関与させること，および，経営戦略にサステナビリティへの取組みを織り込んでいるのであればそれを各担当者へ伝え，サステナビリティへの取組みをコミットしてもらうことが重要です。いずれの組織も忙しく活動する中で追加的な業務負担を強いることになるので，なぜ，対応が必要なのかを明確に伝え，共感，共有してもらえるようにすることが重要です。

そのためには，トップマネジメント・クラスの経営者の関与が必要です。それぞれの情報収集はすべての連結子会社の多くの部門の協力を仰ぐことになるので，各関連部署に一方的に作業を押し付けるのではなく，各部署の意見を吸い上げる機会を設け，企業グループ全体として適時に適切な情報が収集できる体制を整備できるようにします。

統括部署の設置と関連部署を含む職務分掌の明確化としては，企業グループ内のどの組織が，どのような役割を担うのか等に関する業務分掌の策定が必要です。

統括部署の設置とは，サステナビリティ関連情報・データを統括する部署を設置することです。具体的には，社長や取締役会等の直下に統括部署等（サステナビリティ推進部）を設置し，指揮・系統の権限を与えることが有用と考えられます。その際に，財務データを統括する部署と切り離さない形で一体的に連携できる組織として設置することが望ましいと考えられます。

ISSB基準においては，サステナビリティ情報は将来の財務情報の一部を構成する情報と考えられており，その情報が現在の財務情報と同一の有価証券報告書等に掲載されることを考慮すると，記載されている内容が財務情報と整合している必要がありますので，財務情報とサステナビリティ情報のつながりについて理解が深いと考えられる部門が関与したほうが効率的と考えられるためです。

経営者のコミットメントの下，統括部署が中心となって，各関係部署・組織間の連携強化に取り組むことが重要です。環境系格付機関の評価基準では，ガバナンスの項目で，経営者がサステナビリティに関する部門にコミットしているか，経営者の報酬としてインセンティブが働くようにKPIを設けて設定しているかを評価することとされています。前述のとおり，サステナビリティに関する情報については，多岐にわたる部署の情報集約が必要ですが，責任の所在が曖昧になりがちです。責任の所在を明確にし，リーダーシップを発揮しやすい体制の整備が重要と考えられます。

2　データ収集ツールの整備，業務プロセスの確立

(1)　データ収集ツール（ITシステム等）の整備

データ収集に際しては関連する基準・規制が定まっていないこと等から，システム設計上の側の要件定義が定まっておらず，データ収集のシステム化は発展途上です。このため，エクセルによる手動で行われる収集作業が多く残されていることから非効率であり，また人的ミスも多発していることが想定されます。

情報の収集に際しては多岐にわたるシステム間の連携が必要と考えられます。上記のとおり，システム化が発展途上であることから，一時的，部分的な対応となっており，将来に向けては一元的なITシステムの整備が望まれます。

⑵ 業務プロセスの整備

財務データと異なり，サステナビリティ情報についての本格的な業務プロセスの整備はまだ始まったばかり，もしくは始まっていない状況の企業も多くあると考えられます。実務経験の不足や十分な人員が確保できないといった理由から，どのように情報を収集し，記録・報告するのかについて全社一元的なマニュアルが整備されていない企業が多いと考えられます。

対応の方向性としては，①業務プロセスの段階的・計画的な整備と②ITシステムの段階的導入が求められると考えられます。

信頼性のある業務プロセスの整備にあたっては，適切な内部統制を整備する必要があります。

現状の情報収集フローとエラーの発生しやすい点，および内部統制を図示し，可視化したうえで，改善点を洗い出すことが重要です。そのうえで実務負担や優先順位等を考慮し，段階的かつ計画的に内部統制機能の高度化を進めることが大切です。かつて日本において内部統制制度が導入された際に業務記述書，フローチャート，リスクコントロールマトリックスといったツールが紹介されましたが，業務の流れを理解し，可視化するうえでは，そういったツールを利用し，業務フローを整理することは有用です。業務プロセスを可視化することで，ITシステムを導入する際にも，どこで時間を要しているのか，どこが間違えやすいのか，どこをシステム化すればよいのかを把握することができ，効果的なITシステムを導入することにつながるでしょう。

⑶ 内部統制整備，運用

適切な内部統制の整備とその運用のためには，データの収集統括部門のみならず，データを入力する部門において誤りがないかを上席者が確認する予防統制と，異常な変動が生じていないかをマクロ的に確認する発見的統制を整備する必要があります。内部統制の整備に際しては，内部監査部門における牽制・モニタリングが効果的と考えられます。外部の保証提供者とも連携し，牽制・

モニタリング機能を高めることで，ガバナンス体制を一層強化することが重要です。

3　人材不足

サステナビリティに関する基準やフレームワークが大きく変化したのはここ10年前後の話であり，その多くが欧米において開発されたものです。したがって，最新の基準を読み解くためには，基準を原文で読みこむスキルやここ数年のサステナビリティ開示を取り巻く大きな流れをある程度理解している人材が必要です。また，サステナビリティ関連の開示においては，開示基準だけを理解していればよいというわけではなく，環境関連であれば，省エネ法，温対法，水質汚濁防止法，廃掃法，その他有害物質関連法における規制基準といった関連基準への一定の理解が求められます。社会情報でいえば，女性活躍推進法，育児介護休業法などがあります。こういった変化の激しい環境下で，サステナビリティに関して開示要請は年々増大していく中，課題は認識しているものの，各部署・拠点の人員の補充は十分ではなく，限られた人員で対応しているのが多くの企業の実態ではないかと考えられます。

このように，昨今のサステナビリティに関する開示要請や，環境データを理解し，適切に収集・分析を行える人材は労働市場において希少性が高く，その獲得が難しくなっています。

人材を育成するということも考えられます。しかし，サステナビリティ関連の業務は発展途上であり，サステナビリティ人材育成のための組織，確立したスキームが存在せず，OJT（オンザジョブトレーニング）による育成がメインとなっていますが，十分な知識や経験を有するトレーナーが不十分であるため，各企業の人材育成では，外部コンサルタントの活用や，社内における試行錯誤を通じた取組みが行われているのが実情となっています。

経営的な側面から考えると，サステナビリティ関連情報は今後の企業戦略において長期的な事業戦略を検討する際に重要な基礎データとなります。経営者の視点から見て経営戦略上重要なデータが適時に適切に収集できないという状況があるとすれば，それは経営上の明確な課題です。サステナビリティ関連情報を収集・分析することができる人材を早期に確保することは，企業の長期的成長戦略を構築するうえで必須事項です。

現在および将来において，どのような能力を持つ人材がどれだけ必要になるかを検討し，経営者の関与の下，人材拡充方針および計画（異動・育成・採用）を策定し，実行していくことが有用と考えられます。

4　投資家との対話を通じたサステナビリティ情報の開示強化

サステナビリティに関する開示は，まだ制度として未熟で発展途上です。今後，新たな基準の開発に伴って開示要求事項が増えていくことが想定されます。ただし，企業は，義務化・標準化された項目の開示自体を目的化すべきではありません。重要なのは非財務情報が企業の長期的価値創造にどのようにつながるのかという点であり，サステナビリティ関連財務情報はそれを伝える重要な手段と考えます。

一般目的財務報告の想定利用者である投資家との対話においては，一方的に説明し質問されたことに回答するのみならず，実際に投資家がどういった情報を求めているのかを直接聞くことでより良い対話の形が形成されると考えます。

多くの経営者は，投資家との対話の中で投資家がどういった形での情報提供が望ましいのかを聞くのはタブーと考えているかもしれません。しかし，実際のところ，投資家側においても，どういった情報があれば企業の長期的価値を読み解くことができるのかという確たる情報を必ずしも持っているわけではありません。

定期的な決算報告会において，参加者からアンケートを取ることで，どういった情報を求めているのかがわかるかもしれません。

サステナビリティ情報に対する開示はまだ端についたばかりで，世の中を見渡せば投資家，実務家を含むさまざまな勉強会が開催されています。そういった勉強会では投資家と実務家が意見を交わし，お互いの立場を超えた意見交換もなされています。企業の規模にかかわらず，各種勉強会へ参加することで企業が取り組むべき課題が明確になることもあるでしょうし，具体的な対応策を検討する糸口となるかもしれません。

本書がISSB基準に基づく開示作成の一助になり，また作成されたサステナビリティ情報が投資家の企業の長期的な価値を創造する能力を図る一助となり，さらに経営者にとっては将来の戦略を構築するための情報として活用されることで，持続可能な社会が創造され，日本経済の発展につながれば幸いです。

執筆者紹介

■監修

馬野　隆一郎（うまの　りゅういちろう）
EY新日本有限責任監査法人　サステナビリティ開示推進室（以下，SD Office）室長　パートナー

EY新日本のSD Office室長として，企業のサステナビリティ情報開示・第三者保証取得の支援とともに，財務諸表監査の価値を高めるサステナビリティ知見の向上に関わる法人諸施策の推進をリードする。また，公認会計士協会において，企業情報開示委員会および監査・保証基準委員会委員として，国内外のサステナビリティ開示・保証制度の策定に関わる議論に関与する。公認会計士。サステナビリティ情報審査人。

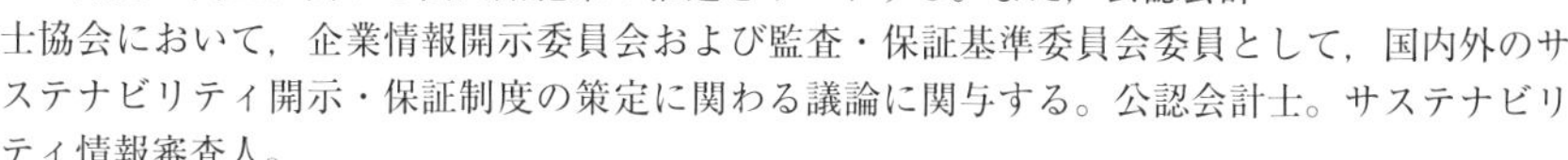

大石　晃一郎（おおいし　こういちろう）
EY新日本有限責任監査法人　SD Office　パートナー

グローバル展開する国内上場企業の統括主査を務めたほか，建設，不動産はもとより，自動車部品，製造，運輸，卸売，製薬など幅広い業種の監査経験を有する。2020年からサステナビリティレポートや統合報告書等の非財務情報開示保証をサポートするSD Officeを兼務。SD Officeでは，法人構成員向けのサステナビリティ研修開発，人的資本・多様性に関するYoutube等の外部情報発信を担当。公認会計士。サステナビリティ情報審査人。

川﨑　武史（かわさき　たけふみ）
EY新日本有限責任監査法人　SD Office 兼 気候変動・サステナビリティ・サービス（以下，CCaSS）　プリンシパル

CCaSSのReporting & Assurance（ESG開示・保証）チームのリーダーとして，CSRDおよびSEC制度情報開示アドバイザリーを統括。クライアントのCSRD導入支援・ISSB基準対応等，ESGレポーティングに関する助言業務やISAE3000/ISAE3410保証基準に準拠した非財務情報保証業務を数多くリード。食品，ライフサイエンス，小売，金融セクターにおける経験が豊富。米国公認会計士（カリフォルニア州）。サステナビリティ情報審査人。

沢味　健司（さわみ　けんじ）

EY新日本有限責任監査法人　SD Office 兼 CCaSS　パートナー

会計監査，IPO支援に従事後，環境省入省。非財務情報開示の法制化，環境に配慮した金融制度の創設など，企業のサステナビリティ経営の促進施策を担うほか，国連持続可能開発部（UNDSD）における環境管理会計の日本リエゾンを務めた。監査法人復帰後は，非財務情報を中心とする企業価値向上支援，幅広い業種の保証業務を手がけている。公認会計士。サステナビリティ情報審査人。

原　寛（はら　かん）

EY新日本有限責任監査法人　SD Office 兼 品質管理本部 IFRSデスク　パートナー

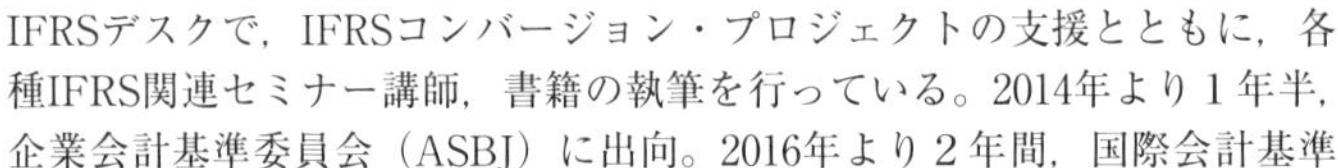

IFRSデスクで，IFRSコンバージョン・プロジェクトの支援とともに，各種IFRS関連セミナー講師，書籍の執筆を行っている。2014年より１年半，企業会計基準委員会（ASBJ）に出向。2016年より２年間，国際会計基準審議会（IASB）に再出向し，英国ロンドンに駐在。主にIFRS解釈指針委員会業務に従事。現在，EYグローバルのISSB基準関連のIFRS政策委員会メンバーを務め，ISSB基準関連の情報発信をリードしている。公認会計士。

■執筆者

安積　優（あづみ　ゆう）

EY新日本有限責任監査法人　金融事業部　CCaSS　マネージャー

金融機関に対して，TCFDに基づくシナリオ分析および開示の作成，米国SEC・ISSB基準に基づく開示対応，Financed Emissionsに関する算定，目標設定，移行計画策定などサステナビリティに関する支援に注力。EYグローバルのISSB GHG論点グループのメンバーでもある。また，金融機関におけるPCAOB監査，財務会計アドバイザリーなど幅広い経験を有する。公認会計士。

岩井　匠（いわい　たくみ）

EY新日本有限責任監査法人　SD Office 兼 CCaSS　マネージャー

IFRS適用企業の会計監査や海外日系子会社へのJ-SOX導入支援や内部監査支援に従事。のち，TCFDに基づくシナリオ分析および開示支援，統合報告書作成支援，サステナビリティ情報の保証業務等，企業へのサステナビリティ情報開示支援に従事している。米国公認会計士（ワシントン州），FSA Credential Holder。

大野　雄裕（おおの　ゆうすけ）
EY新日本有限責任監査法人　SD Office 兼 品質管理本部　IFRSデスク
シニアマネージャー

上場企業での経理部門を経て，2005年当法人に入社。国内および外資系企業の会計監査に従事。2016年から２年間，EYロンドン事務所に駐在。2022年よりIFRSデスクに所属し，EYグローバルのS1/S2論点グループのメンバーも務める。直近で育児休業（３か月）を取得した経験を活かし，法人のDE&I推進活動にも従事。公認会計士。

近藤　雄介（こんどう　ゆうすけ）
EY新日本有限責任監査法人　SD Office 兼 CCaSS　シニアマネージャー

小売，製造業，ソフトウェアセクターなどにおける幅広い監査経験を有する。のち，CCaSSに異動し，サステナビリティ情報の保証業務を中心に，企業の取組みを支援。公認会計士。

齋藤　愛子（さいとう　あいこ）
EY新日本有限責任監査法人　SD Office 兼 CCaSS　シニアマネージャー

サステナビリティ情報開示の助言業務や保証業務，内外への情報発信などに従事。EYグローバルのISSB GHG論点グループのメンバーも務める。自動車，消費財，テクノロジーセクターにおける会計監査，PCAOB監査，US-SOX導入支援など幅広い経験を有する。公認会計士。

中田　満（なかた　みつる）
EY新日本有限責任監査法人　SD Office 兼 CCaSS　シニアマネージャー

TCFDに基づく開示の作成支援，サステナビリティ情報の保証業務，CDP回答支援等，企業のサステナビリティへの取組みを支援。2014年から2016年までEYUKオフィスに駐在，現地法定監査，IFRS適用企業の会計監査に従事。米国公認会計士（コロラド州）。

山口　美幸（やまぐち　みゆき）
EY新日本有限責任監査法人　SD Office 兼 CCaSS　マネージャー

これまでに開発途上国におけるプロジェクト業務や，官公庁向けコンサルティングサービス，民間企業向けサステナビリティアドバイザリーに従事。持続可能な社会の仕組みづくりを目指す。米国公認会計士（ワシントン州）。サステナビリティ情報審査人。

山本　寛喜（やまもと　ひろき）
EY新日本有限責任監査法人　SD Office　シニアマネージャー

鉄鋼，製薬，鉄道などさまざまな業界の会計監査に従事するほか，IFRS導入支援業務やIPO支援業務，サステナビリティ開示支援業務等に従事。サステナビリティ開示関連の外部情報発信にも積極的に取り組む。公認会計士。

■レビューアー

大島　隼（おおしま　じゅん）
EY新日本有限責任監査法人　SD Office 兼 品質管理本部　IFRSデスク　マネージャー

主として金融業および石油ガス業の会計監査に従事。2019年よりIFRSデスクに所属し，IFRS導入支援業務，研修・執筆活動などに従事するとともに，サステナビリティ領域においてもISSB開示基準の動向に関する情報発信や研修業務に従事する。EYグローバルのESG関連IFRS会計論点グループのメンバーも務める。公認会計士。サステナビリティ情報審査人。

川合　未紗（かわい　みさ）
EY新日本有限責任監査法人　SD Office 兼 品質管理本部　IFRSデスク　マネージャー

入所以来，大手総合商社の会計監査および内部統制監査に従事。2019年から2021年までEYロサンゼルスに出向し現地企業・日系企業の監査に従事。2021年よりIFRSデスクに所属し，EYグローバルのESG関連IFRS会計論点グループのメンバーも務める。公認会計士。

前田　和哉（まえだ　かずや）
EY新日本有限責任監査法人　SD Office 兼 品質管理本部　会計監理部　シニアマネージャー

IFRS適用企業の会計監査に従事するとともに，品質管理本部会計監理部において，会計処理や開示制度に関する相談業務などにも従事。2018年から2020年の間，金融庁企画市場局企業開示課に在籍し，開示府令の改正や財務諸表等規則の改定に携わる。EYグローバルのS1/S2論点グループのメンバーおよび公認会計士協会の非財務情報開示専門委員も務める。公認会計士。

【編者紹介】

EY新日本有限責任監査法人について

EY新日本有限責任監査法人は，EYの日本におけるメンバーファームであり，監査および保証業務を中心に，アドバイザリーサービスなどを提供しています。詳しくはey.com/ja_jp/people/ey-shinnihon-llcをご覧ください。

EY | Building a better working world

EYは，「Building a better working world ～より良い社会の構築を目指して」をパーパス（存在意義）としています。クライアント，人々，そして社会のために長期的価値を創出し，資本市場における信頼の構築に貢献します。
150カ国以上に展開するEYのチームは，データとテクノロジーの実現により信頼を提供し，クライアントの成長，変革および事業を支援します。
アシュアランス，コンサルティング，法務，ストラテジー，税務およびトランザクションの全サービスを通して，世界が直面する複雑な問題に対し優れた課題提起（better question）をすることで，新たな解決策を導きます。
EYとは，アーンスト・アンド・ヤング・グローバル・リミテッドのグローバルネットワークであり，単体，もしくは複数のメンバーファームを指し，各メンバーファームは法的に独立した組織です。アーンスト・アンド・ヤング・グローバル・リミテッドは，英国の保証有限責任会社であり，顧客サービスは提供していません。EYによる個人情報の取得・利用の方法や，データ保護に関する法令により個人情報の主体が有する権利については，ey.com/privacyをご確認ください。EYのメンバーファームは，現地の法令により禁止されている場合，法務サービスを提供することはありません。EYについて詳しくは，ey.comをご覧ください。

ey.com/ja_jp

IFRS国際サステナビリティ開示基準の実務
—影響と対応—

2024年1月25日　第1版第1刷発行
2024年6月25日　第1版第4刷発行

編　者　EY新日本有限責任監査法人
発行者　山　本　　継
発行所　㈱中央経済社
発売元　㈱中央経済グループパブリッシング
〒101-0051　東京都千代田区神田神保町1-35
電話　03（3293）3371（編集代表）
03（3293）3381（営業代表）
https://www.chuokeizai.co.jp
印刷／㈱堀内印刷所
製本／㈲井上製本所

＊頁の「欠落」や「順序違い」などがありましたらお取り替えいたしますので発売元までご送付ください。（送料小社負担）
ISBN978-4-502-48541-1　C3034